Miek Pot

In der Stille hörst du dich selbst

Meine zwölf Jahre
in einem Schweigekloster

Aus dem Niederländischen von
Waltraud Heitzer-Gores

BASTEI LÜBBE
TASCHENBUCH

BASTEI LÜBBE TASCHENBUCH
Band 60990

Dieser Titel ist auch als E-Book erschienen.

Vollständige Taschenbuchausgabe
der bei Lübbe Hardcover erschienenen Hardcoverausgabe

Titel der niederländischen Originalausgaben:
»Naar het hart van mijn ziel/De grote stilte«

Für die Originalausgabe:
Copyright © 2008 by Uitgeverij Ten Have

Überarbeitete Neuausgabe
Die vorliegende deutsche Ausgabe vereint im Original zwei Bücher:
Miek Pot: Naar het hart van mijn ziel, Miek Pot: De grote stilte.

Für die deutschsprachige Ausgabe:
Copyright © 2011, 2018 by Bastei Lübbe GmbH & Co. KG, Köln
Umschlaggestaltung: Guter Punkt, München | www.guter-punkt.de
Umschlagmotiv: © ugdax/shutterstock
Satz: hanseatenSatz-bremen, Bremen
Gesetzt aus der Weiss
Druck und Einband: CPI books GmbH, Leck – Germany
ISBN 978-3- 404-60990-1

2   4   5   3   1

Sie finden uns im Internet unter
www.luebbe.de
Bitte beachten Sie auch: www.lesejury.de

Inhalt

I. INS INNERSTE MEINER SEELE

»*Die Füchse haben ihren Bau*
und die Vögel ihr Nest,
aber der Menschensohn hat keinen Platz,
wo er sich hinlegen und ausruhen kann.«

(Mt 8,20)

1. Es stand geschrieben

Im Drehbuch meines Lebens stand von Anfang an geschrieben, dass ich einmal in ein Schweigekloster eintreten würde. Wenn ich heute zurückblicke, denke ich manchmal: »Wie bitte? Ich?« Aber es steht wirklich da: Wenn der Planet Jupiter meinen Aszendent durchwandert und in einer Bahn von zwölf Jahren die Erde umkreist, werde ich ein stilles, einsames, von weltlicher Abgeschiedenheit geprägtes Leben führen.

1987 trat ich in ein neu gegründetes Kartäuserinnenkloster ein, das zur katholischen Kirche gehört. Das Kloster ist auf das Einsiedlerleben nach den Vorgaben des heiligen Bruno von Köln zugeschnitten. Dieser Geistliche zog sich im Jahre 1084 mit sechs Begleitern in die Gebirgsregion um Grenoble zurück, in der das berühmte Kloster La Grande Chartreuse liegt. Die Rituale und Zeremonien des Ordens, dem ich mich angeschlossen hatte, gehen auf die griechisch- und russisch-orthodoxe Kirche zurück, während der Heilige Bruno dem lateinischen (römisch-katholischen) Ritus folgte. In beiden Fällen ist Stille das Fundament. Das ganze Leben in einem Schweigekloster steht unter dem Zeichen der Stille. Meine Entscheidung für dieses Leben war rein intuitiv; es bedeutete für mich die Rettung aus einem ausschweifenden Leben mit vielen Extremen.

Während meiner Studentenjahre in Leiden lebte ich

wild und stürmisch drauflos. Ich war Mitglied im Studentencorps, gehörte einem sehr beliebten sogenannten »Jahrclub« der Studentenvereinigung an und wohnte in einem Wohnheim für Studentinnen, das für seine lockeren Regeln bekannt war. Ich liebte Alkohol und Zigaretten und war für jeden Unsinn zu haben, nichts war mir zu verrückt. Intuitiv muss ich gespürt haben, dass mir nur strenge Disziplin einen Ausweg aus dem inneren und äußeren Chaos, in dem ich mich befand, bieten konnte. Denn trotz der vordergründig vergnügten Seite, die ich in dieser Zeit nach außen zeigte, hatte in mir bereits ein starker, aber noch verborgener, innerer Prozess eingesetzt.

Das Studentenleben war bequem: Geld kam monatlich aufs Konto, meine Eltern waren verständnisvoll und gaben mir jede Menge Raum und Freiheit. Ich spürte, dass das auf Dauer nicht so bleiben konnte. Ich empfand mein Leben wie ein ständiges Betrunkensein, das irgendwann einmal enden musste. Tief in mir nagte ein Gefühl der Unzufriedenheit und vor allem der Orientierungslosigkeit. Das Leben, das ich führte, hatte keinerlei Tiefgang, und mein künftiges Leben war vorgezeichnet. Vermutlich würde ich irgendwann einen Jungen heiraten, den ich im Studentencorps kennenlernte, ich würde drei oder vier Kinder bekommen, mein Leben in Hockey- und Golfclubs verbringen und mit einem Labrador spazieren gehen. Diese Aussicht schreckte mich zutiefst ab.

So fing meine Suche von einem negativen Standpunkt aus an, aber vielleicht läuft das ja immer so. Aus Unzufriedenheit geht man auf die Suche nach etwas Neuem.

Mir kam es so vor, als würde die Außenwelt mich von meinem innersten Selbst abtrennen. Ich wollte deshalb diese Außenwelt verlassen und zu mir selbst zurückfinden. Das war meine Intention und sie trieb mich an.

Es war für mich selbstverständlich, dass ich nach der Schulzeit studieren würde. Das Fach Geschichte sah ich als logische Wahl, denn ich war auf der Suche nach mir selbst und glaubte meinen Ursprung in der Geschichte finden zu können. Das Studium brachte mir die tiefe Erkenntnis von Kontinuität, vom Sein und Werden und der Auseinandersetzung zwischen Geist und Materie. Meine tiefste Sehnsucht aber hat es nicht stillen können. Ich sehnte mich nach einer anderen, einer tieferen Form des Wissens. Vermutlich wäre Philosophie eine bessere Wahl gewesen, doch heute weiß ich, dass ich auch dort keine Antworten auf meine Fragen gefunden hätte. Schließlich ging es gar nicht um ein kopfmäßiges Wissen, sondern um das Erfahren und Empfinden von innen.

Das erste große Berührtwerden meines Innersten geschah gegen Ende des ersten Studienjahres. Ich hatte mich zuvor schon einmal mit Spiritualität beschäftigt, das erwies sich aber als zu vage und sprach mich nicht wirklich an.

Nach einem verbummelten ersten Studienjahr beschloss ich, einen gut gemeinten Rat zu befolgen und zum Lernen in ein Kloster zu gehen, um für das Studienjahr wenigstens noch die Nachprüfungen zu schaffen. Der Klosteraufenthalt wurde eine beeindruckende und einschneidende Erfahrung, die ich nie vergessen werde. Ich betrat eine vollkommen andere Welt.

Kontakt zu mir selbst

Es handelte sich um ein Frauenkloster im Süden der Niederlande. Ich fand es sehr merkwürdig, dass Menschen überhaupt so leben können und allem Anschein nach auch noch glücklich dabei sind. Was mich am meisten berührte, war die Stille. In dieser Phase meines Lebens hatte ich nie auch nur eine Minute Stille. In unserem Wohnheim lief Tag und Nacht Musik auf voller Lautstärke, und wenn ich im Auto unterwegs war, dröhnte es aus den Lautsprechern. So etwas wie Stille kannte ich gar nicht, und ich war enorm beeindruckt. In der Stille empfand ich etwas sehr Tiefgehendes, so etwas wie Kontakt zu mir selbst, oder vielleicht zu meinem göttlichen Kern? Manchmal stand ich nachts auf, um die Stille zu genießen, und wenn ich dann in den Sternenhimmel schaute, spürte ich in mir ein inniges Gefühl der Einheit und Verbundenheit mit allem.

Einmal ging ich zu einem sogenannten Nachtofficium, einem liturgischen Dienst, der in der Nacht abgehalten wird, ähnlich einer Nachtwache. Auch das war eine außergewöhnliche Erfahrung für mich, ich konnte die Intensität der Energie, die von den Gebeten ausging, förmlich spüren. Und das, obwohl ich sonst gar nicht an der Liturgie teilnahm, denn ich war ja nur zum Lernen gekommen. So etwas hatte ich vorher noch nie erlebt. Das Gefühl von innerem Frieden war mir in der damaligen unruhigen Lebensphase, die von Unzufriedenheit geprägt war, unbekannt.

Auch die straffe Tageseinteilung sorgte für Ruhe und gab mir überraschenderweise innerlich viel Raum. Hier bekam ich eine Ahnung, was Ordnung in einem Leben voller Chaos bewirken kann. Blitzartig wurde mir klar, was ich später ausführlich lernte: dass es nicht gleichbedeutend mit Freiheit ist, nur zu tun, wozu man Lust hat. Der Aufenthalt dauerte genau eine Woche, aber er gab meinem Leben eine völlig neue Wendung. Für mich stand nun fest, dass ich mehr über das erfahren wollte, was mich hier so tief berührt hatte. Ich wollte es deuten, benennen und auch mit meinem Verstand begreifen können.

Die Suche zog sich hin. So lag zwischen dieser ersten Erfahrung und dem definitiven Eintritt in ein Schweigekloster noch viel Zeit. Sechs Jahre, um genau zu sein. Mein misstrauischer rationaler Geist wollte dieses mysteriöse Undefinierbare erst einmal genau untersuchen. Es war für mich zunächst am wichtigsten, überhaupt zu verstehen, was sich hinter diesem Berührtsein, dieser tiefen Erfahrung, verbarg.

Es folgte eine ausführliche Bestandsaufnahme, die mich zu vielen Klöstern und Abteien führte. Das große Dilemma war, dass meine Gefühle bezüglich des Klosterlebens immer wieder zwischen Anziehungskraft einerseits und Abneigung andererseits hin und her pendelten. Etwas in mir fand das Ganze abstoßend, rückständig und betrachtete es als Ausdruck von Flucht, ein anderer Teil von mir war fasziniert und bezaubert. Sechs Jahre lang war ich hin- und hergerissen zwischen diesen komplizierten Gefühlen. Es war wie bei einer verbotenen Liebe, was auch zur Folge hatte, dass ich nur mit sehr wenigen Menschen darüber redete. Meine Freundinnen und Freunde haben es mir später übel genommen, dass ich sie daran nicht hatte teilhaben lassen. Aber ich konnte einfach nicht darüber reden, weil ich selbst nicht verstand, was sich in mir abspielte. Um meinen Horizont zu erweitern, erforschte ich den alternativen, spirituellen Markt, fand in dieser Zeit jedoch nichts, das mir authentisch genug erschien. Ich hatte den Eindruck, eine Ansammlung von zusammenhanglosen Einzelerfahrungen vorzufinden, und war enttäuscht. Aus Mangel an möglichen Erklärungen suchte ich innerhalb der religiösen Tradition, in der ich aufgewachsen war, weiter. Die katholische Tradition bot eine Struktur, die wenigstens etwas Halt geben konnte. Als Kind hatte ich für mich allein manchmal gebetet, das heißt, ich versuchte, mir Dinge »herbeizubeten«. In der Pubertät hatte ich, aufgrund erster Enttäuschungen und Frustrationen im Leben, wieder damit aufgehört. Ich hielt das Beten für Bauernfängerei, ich wurde ja doch nicht erhört. Für mich war das nichts mehr.

So viel zu meiner Bindung an den Glauben. Nach dem Vordiplom brach ich nach Indien auf, um ein paar Monate bei Mutter Teresa zu arbeiten. Ich wollte Gott suchen, und es erschien mir sehr viel plausibler, ihn bei den Armen zu finden als in der Abgeschiedenheit eines kontemplativen Klosters. Das erste Haus von Mutter Teresa in Kalkutta war eine frühere Moschee, die die Gemeinde ihr überlassen hatte. Es lagen dort Sterbende, die man von der Straße weggeholt hatte, Aussätzige und Menschen, aus denen Würmer herauskrochen. Ich wusch sie, gab ihnen zu essen, und manchmal verabreichte ich einem Patienten auch eine

Injektion. Das alles waren für mich sehr wichtige Erfahrungen, die mich tief berührten.

Mutter Teresas Leidenschaft für ihre Arbeit war enorm. Ich war beeindruckt von ihrer zerbrechlich wirkenden Gestalt in dieser kahlen, schmucklosen Kapelle mitten in Kalkutta, wo nur Jutesäcke auf dem Boden lagen und ein Jesuskreuz an der Wand hing. Sie hatte eine erstaunliche Willenskraft und einen Glauben, der Berge versetzen konnte. Sie war auch gut zu mir; vermutlich spürte sie die Authentizität meiner Suche. Knapp zwei Monate arbeitete ich dort unter erbärmlichen Umständen, doch für mich, das spürte ich sehr deutlich, war es nicht das Richtige. Zu wenig Tiefgang, zu viel Ergebenheit, vor allem aber: zu wenig Stille. Man sprach dort über Gott, ich jedoch wollte Gott erfahren, so viel war mir klar geworden.

Nach drei Monaten kehrte ich in die Niederlande zurück, um mein Diplom zu machen. Da mir nach wie vor Richtung und Klarheit fehlten, schien mir das die beste Lösung zu sein. Nach den Erfahrungen in Indien konnte ich aber nicht mehr zurück in mein altes Studentenleben – schon allein die Vorstellung war mir zuwider. Ich zog wieder zu meinen Eltern und setzte von dort aus mein Studium in Leiden fort.

In dieser Zeit begegnete ich dann meinem ersten spirituellen Lehrer, dem Trappistenmönch Bavo. Er übte sich in Zen und war Schüler von Lassalle gewesen, dem Mann, der Zen als Erster nach Europa gebracht hatte. Ich lernte Bavo bei einem Familienbesuch in der Abtei von Zundert kennen. Er war früher in Heemstede ein Nachbarsjunge meiner

Mutter gewesen, und sie stellte mich ihm vor. Er hatte es mir sofort angetan, und künftig besuchte ich ihn jedes Jahr in der Abtei in Zundert. Bavo inspirierte mich sehr, doch die Leere des Zen war für mich noch zu weit entfernt. Ich fand es großartig, konnte aber nicht wirklich etwas damit anfangen. Ich verlor mich in der Leere.

Weiterzustudieren schien zwar die beste Option zu sein, doch ich hatte überhaupt keine Lust mehr dazu. Meine große Sehnsucht nach Stille war immer noch da. Die Suche ging weiter. So gelangte ich zu den Benediktinerinnen in Oosterhout und fühlte mich dort sehr wohl. Die Sprache der Liturgie und vor allem die Psalmen trafen bei mir auf Resonanz. Ich beschloss, den Schritt zu wagen und dieses Leben auszuprobieren. Der Schritt erfolgte in Form meines offiziellen Eintritts, der für meine unmittelbare Umgebung schwer nachzuvollziehen war. Vor allem mein Vater und einige Freundinnen aus Leiden sahen darin eine Sackgasse. Insgesamt blieb ich etwas mehr als ein Jahr, aber wieder war es nicht der richtige Weg für mich. In meinen Augen wurde der Liturgie zu viel Gewicht beigemessen. Einsamkeit und Stille kamen zu kurz. Die zahlreichen Gesangsstunden und die täglichen Freizeitmomente, die ich mit Menschen verbrachte, die ich mir nicht selbst ausgesucht hatte, empfand ich als Einschränkung auf meinem Weg nach innen. Außerdem störte mich das hohe Durchschnittsalter der Schwestern, und ich fasste den Entschluss, nicht länger zu bleiben.

Bei den Benediktinerinnen hatte ich einige schöne Bücher gelesen, unter anderem von Dom André Louf, einem Abt der Abtei De Katzberg in Frankreich. Sein Buch führte mich auf die Spur des »Jesusgebets«. Darin fand ich etwas von dieser ersten Erfahrung wieder: innere Ruhe und ein tiefes Empfinden von Einheit und Verbundenheit. Außerdem war mein Interesse an den Regeln des heiligen Benedikt geweckt, und so fasste ich den Entschluss, mein Studium doch zu Ende zu führen. Ich ging wieder nach Leiden, um mein Examen zu machen. Als Prüfungsfach wählte ich Mittelalterliche Geschichte, das Thema meiner Examensarbeit lautete: Hildegard von Bingens Interpretation der Regel des heiligen Benedikt.

Nach wie vor befand ich mich auf der ruhelosen Suche nach einem Ort, an dem ich mich zu Hause fühlen konnte. Insgesamt war ich in dieser Zeit ziemlich bedrückt und niedergeschlagen. So war ich enttäuscht wegen der Erfahrung bei den Benediktinerinnen und fühlte mich in Leiden und bei meinen Eltern, bei denen ich vorübergehend wieder eingezogen war, nicht mehr richtig wohl. Bei den Benediktinerinnen war meine Neugierde auf die Wüstenväter und das byzantinische Mönchtum auf dem Berg Athos (einer Mönchsrepublik auf einer kleinen Halbinsel in Griechenland) geweckt worden. Ich hatte ganz stark das Gefühl, dass mein Weg mich zu einem abgeschiedenen Leben führen würde. Diese Abgeschiedenheit von der Welt faszinierte mich ungeheuer, und ich wollte mehr darüber in Erfahrung bringen.

Absolute Stille

In Frankreich gab es offenbar noch ein weiteres Kartäuserkloster für Frauen, und ich nahm Kontakt mit diesem Kloster auf. Das Leben der Kartäuser ähnelt noch am meisten
der Tradition der ursprünglichen Wüstenväter, und das war
es, was ich wollte, absolute Einsamkeit und somit absolute
Stille. So viel war mir in der langen Zeit meiner Suche klar
geworden. Unter diesen Umständen würde ich zu der inneren Erfahrung, die ich so verzweifelt suchte, finden. Doch
die Vergreisung in diesem Kartäuserkloster in Frankreich
schreckte mich ab. Ich befürchtete, dort innerhalb von
zehn Jahren zur Altenpflegerin zu werden, und das war
nicht in meinem Sinn. Somit war meine Suche immer noch
nicht beendet. Sie zog sich hin, bis ich von jemandem den
Hinweis auf ein neues Kartäuserkloster in den belgischen
Ardennen bekam. Ich war inzwischen siebenundzwan-
zig Jahre alt und stand kurz vor dem Studienabschluss. An
einem winterlichen Tag im Februar des Jahres 1987 – die
Ardennen waren tief verschneit – klopfte ich bei diesem
neuen Kartäuserkloster in Marche-les-Dames, in der Nähe
der Ortschaft Namen, an.

2. Der Eintritt

Marche-les-Dames war ein kleines, wunderschönes Kloster mit sehr hübschen Nonnen. Die Priorin, die sogenannte Starets[1], war eine junge, strahlende Person mit einnehmendem Wesen. Sie lebte dort aus tiefster Überzeugung und nicht aus Gründen der Weltflucht. Das galt für die anderen ebenso, und das machte die Gemeinschaft so außergewöhnlich.

Diese Form des abgeschiedenen Lebens zog junge Menschen an. Ich traf ausschließlich auf Gleichaltrige, was für mich sehr spannend war. Nur mit älteren Nonnen wäre es in kurzer Zeit zu einfach geworden. Als verwöhntes Nesthäkchen, das zur Freude der anderen Teil der Gemeinschaft ist, steht man dem Lernprozess eher im Weg.

In vielen westlichen Klöstern vermisste ich Schönheit. Meist hatten sie eine bedrückende und deprimierende Ausstrahlung. In Marche-les-Dames war das ganz anders. Wahrscheinlich weil der Orden auf den byzantinischen Ritus zurückgeht. Die einzelnen Klausen und die Kapelle waren von einer großartigen, schlichten Schönheit. Die gemalten Ikonen, das viele Blattgold, die unzähligen Kerzen und der reichlich verwendete Weihrauch in der Kapelle verliehen dem Ganzen eine Aura. Es war eine Schönheit,

---

[1] Eine ältere Klausurnonne, die Jüngere einführt und die Funktion einer Beichtmutter hat.

die wie ein Fingerzeig auf die Ordnung und die Harmonie am Urgrund des Seins wirkte. Die Schönheit berührte meine Seele und spielte sicherlich eine Rolle bei meiner Entscheidung.

Ich erinnere mich noch gut, wie fasziniert ich war, als ich zum ersten Mal zu Besuch kam. Draußen der hohe Schnee und dann die Kapelle mit den Ikonen, den Kerzen, dem Weihrauch und den jungen Nonnen. Die Gastschwester fragte, ob ich ein Gespräch mit der Starets wünschte, doch ich lehnte ab. In den Klöstern waren die Schwestern oft allzu sehr darauf erpicht, junge Leute für sich zu gewinnen und darauf hatte ich keine Lust. Die Entscheidung musste aus mir selbst heraus kommen; dafür hatte ich mir einige Tage Zeit genommen. Ich wollte mich nicht von einem Gespräch beeinflussen lassen und schon gar nicht von der Schönheit der äußeren Erscheinung. Doch mein Interesse wurde während dieses Aufenthalts geweckt. Wie von selbst wurde ich durch die sakrale Atmosphäre ergriffen, und ich ließ mich mitreißen in eine andere Dimension. Ich fühlte, dass ich meinen Platz gefunden hatte, hier gehörte ich hin. Am letzten Tag bat ich schließlich doch um ein Gespräch. So stark fühlte ich mich zu diesem Ort hingezogen. Ich beschloss, in Windeseile mein Studium zu beenden. Im August 1987 legte ich mein Examen ab, und im Oktober desselben Jahres trat ich in den Orden ein.

Der Eintritt an sich war eine schlichte und nüchterne Angelegenheit. Meine Eltern, mein Bruder und dessen Frau gingen noch mit mir essen und setzten mich dann vor Ort ab.

Soweit ich mich erinnere, hat es mich emotional nicht sonderlich berührt, und ich weiß auch nicht mehr, wie meine Familie reagiert hat, aber vermutlich war der Vorgang eher distanziert und nüchtern. Ich selbst brannte darauf, endlich anzufangen, endlich zu empfinden und zu erleben.

Im ersten Jahr nach meinem Eintritt wurde ich mit vielen gesundheitlichen Problemen konfrontiert. Vielleicht waren das Entwöhnungsphänomene. Vorher rauchte ich viel, mochte auch gerne alkoholische Getränke, und plötzlich gab es nichts mehr von alledem, nicht mal Koffein. Außerdem kam ich direkt von meinen Eltern, wo ich ein luxuriöses Leben geführt hatte. Ich war im Grunde verwöhnt und zerbrechlich wie Porzellan. Das raue Leben in einem eremitischen Kloster stellte einen herben Kontrast zu meinem bisherigen Leben dar. Ich wurde krank, fror den ganzen Tag und vermisste den Komfort und die Annehmlichkeiten meines früheren Lebens. Zu Hause hatten wir eine Haushaltshilfe, jetzt musste ich meine Toilette selbst reinigen. In diesem Sinn war der Übergang gewaltig. Ich war im Elternhaus die Jüngste, verhätschelt, meinen Eltern ging es finanziell gut, und nun plötzlich dieses Leben ohne jeglichen Komfort – das hatte ich unterschätzt.

Wie auch immer, ich erkrankte an einer Art Rheuma, das in meiner Familie öfter vorkommt und für das ich somit eine genetische Veranlagung habe. Mit dieser Erkrankung habe ich mich lange herumgeschlagen. Im ersten Jahr sollte ich auf ärztliche Anweisung überhaupt nicht gehen und konnte nur lang ausgestreckt auf dem Bett oder der Ruhebank liegen. Im Französischen wird die Krankheit als *Erethème nouée* bezeichnet, ein für mich nach wie vor unübersetzbarer Ausdruck, aber in etwa heißt es nichtchronisches Rheuma. Die Krankheit erschwerte mein Leben ganz erheblich, und es war kompliziert, meine überschüssige Energie in sinnvolle Bahnen zu lenken. Starke Emotionen wie Wut über die Erkrankung, aber auch Selbstmitleid überkamen mich. Ich hatte noch nicht viel Erfahrung mit dem Meditieren und dem Beten, auch ein Grund, weshalb ich meine Emotionen kaum unter Kontrolle hatte. Das sorgte dafür, dass die Anfangszeit sehr schwer für mich war. Ich kämpfte mit Scham- und Schuldgefühlen wegen meiner persönlichen Schwäche und der Unfähigkeit, die tägliche Disziplin auszuüben. Durch die Krankheit durfte ich im ersten Jahr nicht an den Nachtgebeten teilnehmen und war auch von anderen schweren Aufgaben freigestellt.

Marche-les-Dames wurde ausschließlich auf Französisch geführt, auch die Ordensregeln und jegliche Lektüre waren auf Französisch, aber leider ließen meine Sprachkenntnisse sehr zu wünschen übrig. Am schwierigsten war die byzantinische Liturgie. Die Liturgie umfasst die Gesamtheit der vorgeschriebenen Gebete, Zeremonien und Handlungen, die zusammen den Gottesdienst ergeben. Der byzantinische Ritus, der aus der griechisch- und russisch-orthodoxen Kirche und Kultur hervorging, gab der Liturgie ihren spezifischen Charakter: ausschweifend und etwas exotisch. Die Liturgie war mir sehr wichtig, aber ich hätte sie in meiner Muttersprache hören müssen, um die Nuancen und die Symbolik erfassen zu können. Die Synchronizität von Außen- und Innenwelt, die normalerweise in der Liturgie zum Ausdruck kommt, entging mir deshalb völlig. Bei den Benediktinerinnen war mir schon früh aufgefallen, dass so manches, was tagsüber passiert war, oder Dinge, über die man sich sorgte, abends oder am nächsten Morgen in der Liturgie, einem Psalmvers oder einem Vers aus dem Evangelium wieder auftauchten. Ich war dafür sehr empfänglich. Da ich die französischen Worte nicht immer verstand, war das anfangs ziemlich schwierig für mich.

Den inneren Beobachter entwickeln

Glücklicherweise war nicht alles so mühsam. Ich ging von Anfang an einen inneren Weg, und das tat mir sehr gut. Es fing mit den Exerzitien von St. Ignatius, geistlichen Übungen, an. Dafür kamen eigens Jesuiten aus dem Ort Namen zu uns ins Kloster zu Besuch. Sie begleiteten uns intensiv bei den Exerzitien, und ich habe viel von ihnen gelernt. Ich lernte, was ein Fokus ist und wie ich mich im Verlauf eines Tages darauf ausrichten konnte. Ein Fokus ist ein Mittelpunkt, auf den man seine Aufmerksamkeit richtet, wodurch die eigenen Kräfte dort gebündelt werden. Man erfährt dabei Ruhe, weil sich der Geist gleichsam zentriert. Das machte für mich genau den Unterschied aus. Ich hatte immer ohne einen Fokus, wie ein ungesteuertes Projektil mit viel innerer Unruhe und Unzufriedenheit gelebt. Hier nun besteht das Glück darin, einen Fokus zu haben. So beschreibt es auch Paulo Coelho in seinem Buch »Der Alchimist«: »Das Geheimnis des Glücks besteht darin, alle

Herrlichkeit der Welt zu schauen, ohne darüber die beiden Öltropfen auf dem Löffel zu vergessen.« Die beiden Öltropfen auf dem Löffel, das ist der Fokus.

Den Fokus zu behalten ist auch die Funktion des fortwährenden Gebets. Die Jesuiten begleiteten uns dabei hervorragend. Wir konnten uns mit ihnen darüber austauschen, sie erklärten uns alles und gaben uns praktische Anleitungen an die Hand.

Ich lernte, einen inneren Beobachter zu entwickeln. Inneres Beobachten und Wahrnehmen ist die Fähigkeit der dissoziierten Selbstbetrachtung. Das bedeutet, sich selbst von einem gewissen Abstand aus zu sehen und zu beobachten, was im eigenen Inneren vor sich geht. Durch diese Übung kam bei mir einiges in Bewegung. Ich gewann mehr Struktur und fand Wege, in die Stille und die Leere hineinzugehen. Ich identifizierte mich weniger mit meinen Emotionen und Gedanken. Das gab mir die Kraft, durchzuhalten und die äußeren Probleme der Veränderung und die Anpassungsschwierigkeiten zu überwinden – es war ein Weg der Achtsamkeit.

Diese wichtige Einsicht brachte mir eine große innere Freiheit. Außerdem fand ich auch dadurch zur Ruhe, dass ich bei meinen Meditationen mit dem Fokus arbeitete. Das führte zu tiefen Erfahrungen des Einsseins und der Verbundenheit und vor allem zu einem sehr starken Empfinden des Hier und Jetzt. Die Vergangenheit verblasste allmählich, und an eine Zukunft dachte ich nicht, ich war im Hier und Jetzt. Ich fing an, langsam mehr Details in der Außenwelt wahrzunehmen, die Natur faszinierte und erstaunte mich.

Meine Sinne wurden geschärft, ich nahm Farben wahr, die Bäume, die in jeder Jahreszeit ihre Färbung wechselten, den Geruch des Waldes und der umgebenden Luft. Es schien, als würde ich mich erden. In der tiefen Stille der Nächte erlebte ich lang anhaltende Momente der Versunkenheit. Mein sprunghafter, stets beschäftigter Geist wurde still, und ich empfand mehr inneren Raum und innere Freiheit als je zuvor.

Eigentlich war es ein umfassendes Training des Geistes, das es mir erlaubte, ganz still zu werden und einen inneren Weg zu gehen. Sich der eigenen inneren Welt bewusst zu werden gibt enorm viel Freiheit. Das konnte ich schon in der ersten Zeit ansatzweise erahnen, obwohl ich damals noch sehr von meinen Emotionen im Zusammenhang mit der rheumatischen Erkrankung geplagt wurde. In diesem Sinn hatte ich einen titanischen Kampf mit meinem starken Charakter auszufechten. Ich besaß ein großes, starkes Ego, und das wollte sich nicht ohne Weiteres ergeben. Ich wollte Kontrolle über die Krankheit gewinnen, wollte wissen und vor allem verstehen, was mit mir los war. Ich misstraute der medizinischen Behandlung und den Ärzten in Namen, und von diesem Misstrauen konnte ich mich nicht leicht lösen. In dem Maße, wie die Konzentration auf den Fokus zunahm und ich immer besser lernte, mich losgelöst von meinen Emotionen zu sehen, änderte sich das langsam. Es gelang mir Schritt für Schritt besser, zu vertrauen und loszulassen. Das Kämpfen ließ nach, und ich fühlte mich allmählich wieder besser.

Cella est coelum – Im Himmel der Stille

Die meisten Klöster selektieren ihre Novizen vorab nicht nach strengen Kriterien. Die Selektion ergibt sich bei der Annäherung an das Klosterleben von selbst, sehr schnell und ganz von allein. Am Anfang bekommt man nicht viel erklärt, man macht einfach mit. Ich fand das gar nicht einfach, denn ich hatte nicht den leisesten Schimmer vom Klosterleben. Man könnte fast sagen, dass ich mit einem Cointreau in der Hand ins Klosterleben »hineingestolpert« war. Bei den Benediktinerinnen hatte ich schon einige Erfahrungen gesammelt, doch das Einsiedlerleben ist völlig anders. Es wird mehr oder weniger erwartet, dass man von einem Tag auf den anderen bei allen Zeremonien und Ritualen mitmacht, auch wenn Neuankömmlinge mit einiger Nachsicht rechnen dürfen. Durch das Leben in der Einsamkeit der eigenen Zelle war es anfangs nicht wichtig, ob es in dieser Zelle ordentlich oder unordentlich war, es sah ja niemand. In meinem jugendlichen Elan und Enthusiasmus wollte ich aber alles ganz besonders gut machen, und das verursachte Stress.

Wie gesagt, alles fand auf Französisch statt, und ich beherrschte die Sprache zu der Zeit nicht besonders gut. In der Schule hatte ich zwar sechs Jahre Französischunterricht gehabt, und teilweise bestand mein Studium, vor allem das der Mittelalterlichen Geschichte, darin, mir Bücher in französischer Sprache zu erarbeiten, aber das reichte nicht aus, um die Sprache auch anwenden zu können. Im Kloster gibt es einen ganz eigenen Jargon, der nirgends sonst auf der

Welt gesprochen wird. Es dauerte dann auch eine Weile, bis ich einigermaßen mitkam. In diesem Sinn war es eine wirkliche Einweihung, denn zu Beginn wurde ganz bewusst nicht über alles gesprochen. Das zeigte sich beim Sonntagsspaziergang (bei dem kein Schweigen herrscht), wenn sich eine ältere Nonne verplauderte und etwas ansprach, von dem ich mir dachte: »Was soll das denn sein?«

Erst ganz allmählich wurde ich in alles eingeweiht, man überließ es mir, Fragen zu stellen und im Bedarfsfall nachzuhaken. Das war nicht immer einfach, aber mein persönlicher Rhythmus wurde auf diese Weise respektiert. Es wurde mir nichts auferlegt, das ich noch nicht hätte bewältigen können. Das betraf zum Beispiel das Aufschreiben der eigenen Gedanken und Emotionen für die jeweilige Starets. Das wurde mir nie aufgetragen oder in irgendeiner Form erklärt, obwohl es ein sehr wesentlicher Bestandteil unserer Ausbildung und ganz gewiss nicht unverbindlich war. Nach zwei Jahren entdeckte ich, dass die anderen das machten, und so habe ich dann auch damit angefangen.

Ein Eremitenkloster ist etwas sehr Spezielles und mit keinem anderen Kloster vergleichbar. Hier hat jede Nonne ein eigenes Häuschen mit einem kleinen Garten außen herum, aber es gibt untereinander keinen Kontakt. Nur sonntags unternahmen wir gemeinsame Spaziergänge und unterhielten uns über Themen wie das Evangelium oder das Leben Jesu. Die übrige Woche verbrachten wir alle in unserem eigenen Häuschen, wir aßen, arbeiteten, studierten und meditierten allein. Es war so organisiert, dass höchstens zwölf oder dreizehn Personen innerhalb der Eremitengemeinschaft wohnen, leben und arbeiten konnten.

Alles, was für die Gemeinschaft gemacht werden musste, wurde abwechselnd erledigt, und für manche Aufgaben musste man die Einsamkeit verlassen. Das heißt aber nicht, dass die Stille durchbrochen werden durfte. Einmal im Monat oder auch alle zwei Monate hatten wir jeweils eine Woche Küchendienst. Ansonsten war vieles äußerst radikal: keine Zeitungen, kein Fernsehen, kein Telefon, zwei Mal im Jahr Besuch von der Familie, eingeschränkte Lektüre und keine Gespräche. Einmal in der Woche wurde die Post verteilt, die aus Briefen der engen Familienangehörigen bestand. Wir schrieben ein Mal im Vierteljahr einen Brief an unsere Eltern und bekamen etwa genauso oft einen Brief von ihnen zurück. Die Besuche meines Vaters und meiner Mutter dauerten jeweils etwa drei Tage.

Das Häuschen, oder besser die Zelle, das eigentliche Zuhause des Eremiten, ist innen komplett aus Holz, genauso wie bei den Kartäusern. Das Holz ist sehr warm und gesund, isoliert gut und wirkt sehr heimelig. Mir gefiel das gut. An den Wänden hing beinahe nichts, höchstens einmal ein Bild vom heiligen Bruno oder von Maria. Das Bett, der Esstisch, der Studiertisch und die Stühle waren ebenfalls aus Holz. Die Zelle war karg ausgestattet, aber gut beleuchtet. Wir durften wegen bestehender Brandgefahr keine Kerzen verwenden. Es gab einen Schlafplatz mit einer abgetrennten Waschgelegenheit, einen Raum zum Essen und Studieren, einen speziellen Arbeitsraum und natürlich einen kleinen Meditationsraum. Ich mochte meine Zelle sehr gern, genauso wie ich jetzt mein Appartement sehr gern mag. In der alten Mönchstradition heißt es, dass die Zelle oder Klause eigentlich das Herz eines Mönchs sei: Cella est coelum, die Zelle ist der Himmel. Ich habe das auch wirklich so empfunden. Meine Zelle übte eine heilsame Wirkung auf mich aus. Wenn es mir einmal nicht so gut ging oder wenn ich ein Problem hatte, reichte ein Tag in meiner Zelle, und ich war wieder ganz die Alte.

Das Noviziat dauerte sehr, sehr lange. Wir nahmen mindestens ein bis zwei Jahre in unserer normalen Kleidung am Klosterleben teil, dann erst bekamen wir einen Ordenshabit und wurden für ein bis zwei Jahre sogenannte Postulantinnen. Daraufhin wurden wir für etwa drei bis vier Jahre Novizinnen und konnten zeitliche Gelübde ablegen. Diese Gelübde galten etwa sechs Jahre lang und wurden danach auf eigenen Wunsch immer wieder erneuert bis zu den ewig gültigen Gelübden.

Im Noviziat sollte das wirkliche Eremitendasein so intensiv wie möglich gelebt werden, mit einem Maximum an Einsamkeit und ohne größere Verantwortlichkeiten. Erst nach dem Ablegen der ersten Gelübde wurde uns die Verantwortung für eine bestimmte Aufgabe übertragen. Ich war beispielsweise für die Küche und die Bevorratung verantwortlich. Das durchbrach keineswegs die Stille, aber man verbrachte etwas weniger Zeit in seinem eigenen Haus. In der mir übertragenen Funktion kümmerte ich mich in Stille in einem großen Raum neben der Vorratskammer um das Essen und die Belieferung mit Nahrungsmitteln. Mithilfe von Briefchen gab ich denjenigen, die Küchendienst hatten, meine Anweisungen.

Nach diesen ersten Jahren in Marche-les-Dames sandte mich der Orden 1990 in die Sonne Südfrankreichs, in der Hoffnung, dass sich dort meine körperliche Verfassung bessern würde. In der Nähe des Örtchens Le Thoronet, unweit der berühmten Abtei Le Thoronet, verbrachte ich fünfeinhalb Jahre meines Klosterlebens buchstäblich in einer Hütte mitten in der Wildnis. Zusammen mit dreizehn weiteren Eremiten wohnte ich auf einem fünfzig Hektar großen Gelände, jeder von uns in seinem eigenen Häuschen mit eigenem Garten. Das Ganze lag am Ende der bewohnten Welt, man hatte den Eindruck, als wäre die Stille dort besonders intensiv. Vor allem die nächtliche Stille war tief beeindruckend, ich verdanke ihr unbeschreibliche Erfahrungen. Manchmal habe ich heute noch Heimweh nach dieser Zeit. Das dortige Leben war zwar von einer gewissen Eintönigkeit und Monotonie geprägt, doch das half, den Geist langfristig in die Stille zu führen. Wir meditierten etwa vier Stunden am Tag und befanden uns dann in einem Zustand tiefer innerer Versunkenheit. Meditation, die in Kontemplation mündet, ist ein Balanceakt zwischen Wachen und Schlafen. Es erfordert ein gewisses Training, aber mit der Zeit geht es wie von selbst, und dann verschiebt sich das Bewusstsein auf eine andere Ebene. Sehr subtil und sukzessiv, das ist der entscheidende Unterschied zu Drogen oder anderen Mitteln, die der Bewusstseinserweiterung dienen. Schon alleine das Stillwerden des Geistes ist eine enorme Wohltat. Durch die tiefe meditative Versenkung fühlt man sich wie neugeboren. Allerdings konnte einem dieses Empfinden auch leicht abhandenkommen, dann ging es darum, wieder zum Mittelpunkt, zum Fokus, zurückzukehren, damit das Lot in der Mitte blieb. Das hinterließ dann ein tiefes Glücksgefühl.

Das Kloster in Frankreich gehörte demselben Orden an wie das belgische Kloster, das heißt, die Spielregeln waren dieselben. Die Atmosphäre war jedoch völlig anders. Im französischen Kloster herrschte mehr Leichtigkeit, es wurde mehr gelacht. Ich habe dort verrückte Sachen erlebt, und es kam sogar vor, dass wir uns während der Messe in der Kapelle vor Lachen nicht halten konnten. In Belgien war so etwas selten.

Das wunderbare Klima in Südfrankreich trug sicher seinen Teil dazu bei: ständig Sonne, strahlend azurblauer Himmel, dazu das kräftige Grün der Schirmpinien. Eine ideale Umgebung für Eremiten. In dieser Hinsicht war es in Belgien ein Stück schwieriger, der viele Regen in den Ardennen verlieh dem kargen und fast »nackten« Leben etwas Trauriges. Man musste psychisch stark sein, außerdem hatten wir dort keine richtigen Zellen mit eigenem Garten.

Die stets wiederkehrenden Rituale führten natürlich auch zu einem gewissen Alltagstrott, doch durch die starken liturgischen Gebetszeiten gab es auch immer wieder viel Abwechslung, und insgesamt war es himmlisch. Es konnte mich völlig in Verzückung versetzen, und ich konnte aus mir herausgehen. Um genau zu sein, hatten wir zweimal am

Tag eine gemeinsame Liturgie: ein Mal am frühen Morgen und ein weiteres Mal abends, verbunden mit der Messe. Zu diesem Anlass verließ ich meine Zelle, machte keinerlei Umwege und eilte anschließend wieder zurück. So wurde die persönliche Einsamkeit nicht wirklich unterbrochen. Trotzdem empfand ich die Momente in der Gemeinschaft als belastend. Desto mehr genoss ich den wöchentlichen Wüstentag am Montag. Das bedeutete: den ganzen Tag in vollkommener Einsamkeit in der Zelle zu bleiben. Wir verließen die Zelle nur am Abend für die Messe.

Bei uns im Kloster gab es, für alle deutlich sichtbar, eine Ikone, nämlich eine Madonna, die das Kind in sich trägt. Ich persönlich hatte nie die Vorstellung von einem Gott, der sich außerhalb von mir befinden sollte, damit konnte ich noch nie etwas anfangen. Die heilige Dreieinigkeit und ähnliche Konzepte blieben mir fremd. Gott erfahren war für mich ein innerer Vorgang, ein Zusammentreffen mit meinem göttlichen Kern. Wenn ich über die Einheitserfahrung nachdachte, stellte ich sie mir als das Einswerden mit meinem inneren Kern vor. Besonders bei den nächtlichen Meditationen erlebte ich Momente tiefen inneren Stillwerdens, die mir erlaubten, meinen göttlichen Kern zu berühren. Das war immer nur der Funke eines Augenblicks, ein kurzes Aufscheinen, und doch sehr klar und deutlich. Das hatte nichts mit Gefühl zu tun, es lag tiefer, in jener Versenkung, die auf der Grenze zwischen Wachen und Schlafen liegt. Es war wie ein Tanz auf dem Seil.

Die wahre Wirklichkeit öffnet sich für uns erst, wenn wir unser Alltagsbewusstsein hinter uns lassen und uns auf eine tiefere Bewusstseinsebene begeben. Diese Bewusstseinssphäre könnte man als transpersonal bezeichnen, denn sie übersteigt das Ego. Alle Unterweisung im Kloster war darauf ausgerichtet, uns auf diese transpersonale Ebene zu führen. Damit war ein Glücksgefühl verbunden, ein sehr tiefes Glücksgefühl. Auf der Grenze zwischen Wachen und Schlafen fängt die Freiheit an, die innere Freiheit erwacht. Das ist Leben. Das Evangelium handelt von nichts anderem als vom Leben. Spiritualität steht für eine vollkommenere Art zu leben, beziehungsweise für das Erwachen zum Leben, das Erwachen, zutiefst bei sich selbst zu sein.

Ostern

Mit am faszinierendsten fand ich die Fastenzeit und natürlich das damit verbundene Osterfest. Die Zeit des Verzichts war lang, aber es war auch die Zeit einer intensiven Liturgie und der Verschärfung des Fokus. Hunger schärft die Ausrichtung, ein hervorragender Spannungsbogen.

Der spezielle Charakter der Fastenzeit hatte mit dem byzantinischen Ritus zu tun, in dem wir verwurzelt waren. Es war aber nicht so, dass wir nur noch Zitronenkerne gekaut hätten; wir fasteten in Maßen, doch der Gürtel wurde deutlich enger geschnallt, und das hatte etwas für sich.

Am Aschermittwoch wurde die Fastenzeit mit langen, gemeinsamen Liturgien, die überaus anstrengend waren, eingeläutet. Stundenlang standen wir in einer kalten Kapelle, bekreuzigten uns und machten unzählige sogenannte

»Metanoias«. Metanoias sind Übungen, bei denen man sich mit dem Gesicht nach unten zu Boden wirft. Wir machten das einige Hundert Mal am Tag. Die tiefere Bedeutung des Begriffs Metanoia ist die Umkehr, die Neubestimmung der Richtung und die entschlossene Umsetzung. Den Körper zu Boden zu werfen ist die äußere sichtbare Demonstration für die Neuausrichtung des eigenen Fokus. Als ich das zum ersten Mal sah, dachte ich, ich hätte mich in einen altmodischen Gymnastikraum verirrt. All die Nonnen, die sich auf den Boden warfen und dann wieder aufsprangen. Für Zuschauer schon ein unglaubliches Schauspiel, doch wenn man selbst daran teilnimmt, ist es eine ganz außergewöhnliche Erfahrung. Als ich das zum ersten Mal machte, kam ich am Ende des Vormittags völlig erledigt aus der Kapelle und konnte nur noch an ein großes, dick mit Erdnussbutter bestrichenes Butterbrot denken. Das bekam ich dann natürlich nicht. Stattdessen gab es am ersten Tag trockenes Brot, und das war's.

Am zweiten Tag konnte ich vor Muskel- und Gliederschmerzen kaum aufstehen. Alles tat mir weh, stöhnend und ächzend zog ich mich an. Die Metanoias waren vermutlich gesund und wohl auch notwendig, denn wir führten ein Leben im Sitzen und hatten viel zu wenig Bewegung. Am zweiten und dritten Tag war das Programm unverändert, danach wurde es schließlich leichter. Während der ersten drei Tage mussten wir den Kanon des heiligen Andreas von Kreta, den Eröffnungskanon des byzantinischen Fastens, abarbeiten, und zwar in Form von bestimmt tausend Metanoias. Ein gigantisches Programm!

Ich kann mich noch erinnern, dass es ein Jahr gab, in dem mir das so gegen den Strich ging, dass ich am dritten Tag überhaupt keine Metanoias mehr machte. Ich wurde sogleich zur Verantwortung gerufen und musste erklären, ob ich krank sei. Falls das nicht der Fall sei, solle ich das Programm gefälligst mitmachen. Nach diesen drei Tagen hatte ich mehr als genug davon. Ich bin von Natur aus kein sportlicher Typ, und dieses Gekeuche und Geschwitze im wollenen Habit war nichts für mich. Ich war immer wieder froh, wenn das vorbei war. Danach kam die sechswöchige Fastenzeit, eine sehr karge Zeit. Sogar die Post fehlte. Man trug uns auf, viele Metanoias in der eigenen Zelle auszuüben. Außerdem verließ die Starets in dieser Zeit wegen des Generalkapitels, der jährlich oder auch zweijährlich stattfindenden Zusammenkunft aller Prioren, das Kloster. Damit entfielen auch die wöchentlichen Gespräche mit ihr. Insgesamt war dies noch mehr als sonst eine Zeit des Verzichts.

Der große Höhepunkt war Ostern, ein wirklich überwältigendes Erlebnis. Das Osterfest wurde nach der byzantinischen Tradition abgehalten, und das war ein ganz besonderes Ereignis. Während der stundenlangen Liturgie blieben wir einen Abend und eine Nacht lang in der Kapelle. Wir tanzten, sprangen in die Höhe und sangen, bis unsere Stimmen heiser waren. Es war ein fantastisches Fest, und ich erlebte es jedes Jahr aufs Neue sehr intensiv. Ich wurde immer ganz high. Man fühlte sich wirklich wie im Himmel, und von Müdigkeit gab es keine Spur. Es kam mir vor, als existiere die Materie mit ihrer Schwerkraft nicht mehr. Die Kapelle und die gemeinsamen Räume waren über und über mit Blumen geschmückt, und es brannten wohl an die tausend Kerzen. Überall war Licht. Am Ostersamstag wurde abends ein großes Osterfeuer angezündet, und bis tief in die Nacht gab es ein großes Festmahl im Refektorium, dem klösterlichen Esssaal – ein ausgesprochener Genuss nach all den Wochen des Verzichts.

Bei solchen Gelegenheiten wurde mir bewusst, wie reich der byzantinische Ritus ist. Mit einfachen Mitteln wird etwas Großes geschaffen. Die Kapelle war bemalt, an den Wänden hingen Ikonen, und überall brannten Kerzen. Zudem wurde durch Weihrauch und andere Düfte ständig der Geruchssinn angeregt. In der Kapelle war die Luft teilweise richtig blau von all dem Rauch. Zu Ostern konnten ausnahmsweise Gäste im Haus sein. Man konnte ihnen anmerken, dass auch sie sehr beeindruckt waren. Die meisten dürften so etwas noch nie gesehen oder erlebt haben. Die ganze Liturgie war wie ein wunderbares Schauspiel, das so viel Kraft ausstrahlte, dass es die Anwesenden in Verzückung versetzte. Heute würde man sagen, wir waren im *Flow*. Manchmal ging ich widerwillig hin, doch kaum stand ich im Raum und fing an, mitzusingen, mich mitzubewegen und zu verbeugen, wurde ich von dem Geschehen wie von einem Strom mitgerissen. Bevor ich mich versah, war ich in eine andere Welt eingetaucht und hatte meine eigene kleine Welt hinter mir gelassen. Nach der gemeinsamen Liturgie war die Kapelle förmlich erfüllt von einer spürbaren Energie. Manche Gäste empfanden das auch so: als sei die

Kapelle erfüllt von einer Anwesenheit, einer Präsenz, die man nicht beschreiben kann, die aber unverkennbar war.

Leben wie die Wüstenväter

Die Spaziergänge am Sonntag waren die einzigen Momente der Woche, an denen wir uns sahen und miteinander sprachen. Wir waren dafür sehr rustikal gekleidet, trugen unter dem Habit schwere Wanderschuhe und dicke Pullover, manche hatten einen Wanderstock dabei. Wir marschierten in einem straffen Tempo, Hügel auf und Hügel ab. Wenn der Moment des Sprechens kam, fühlte sich das seltsam an. Eine ganze Woche hatten wir geschwiegen, und dann wurde plötzlich wieder geredet. Bis es so weit war, dass die Gespräche in Fluss kamen, war die Zeit schon wieder um, und wir gingen erneut einer Woche der Stille entgegen, wie die Wüstenväter. Diese Einsiedler bewohnten in den ersten Jahrhunderten nach Christus die Wüsten. Unser Leben war ein Leben in Anlehnung an ihre Gewohnheiten.

Die Wüsten und die Eremitenklöster sind Orte der Extreme, an denen nur Gott und der Teufel leben. So betrachtet war es nie langweilig. Manche Leute denken an Langeweile, wenn sie sich dieses Leben mit seinen Routineabläufen vorstellen, aber so war es absolut nicht. Es passierte so viel, es war sehr abwechslungsreich. Um ein paar Beispiele zu nennen: In Südfrankreich hatten wir ein riesiges Gelände, das natürlich unterhalten werden musste. Das wird in dieser Gegend von Menschen aus Nordafrika erledigt, die sich mit mediterranen Landschaften auskennen. Durch die vielen Sonnenstunden und die ausgiebigen Regenfälle in der Regensaison herrscht dort ein ungezügeltes Wachstum. Man konnte den Bäumen und Sträuchern förmlich beim Wachsen zusehen. Um den Wildwuchs etwas einzuschränken, ließen wir einmal im Jahr eine riesige Schafherde ein paar Wochen auf unserem Gelände grasen. Dann bevölkerten Tausende von Schafen das Terrain, liefen um unsere Gärten herum, faulenzten in der Sonne und blökten Tag und Nacht. Zwei junge Männer hüteten die Schafe. Es war ein Ereignis, wieder einmal Männer zu sehen, noch dazu so gut aussehende Burschen. Und all die verrückten Schafe. Kein einziges glich dem anderen. Ein penetranter Geruch hing in der Luft, die Umgebung war voll mit Schafkot. Aber immerhin war das Gelände nach wenigen Wochen weitgehend abgegrast. Eines Tages sah man sie dann weiterziehen, und dann waren sie wieder für ein Jahr verschwunden.

Während der Zeit in Südfrankreich habe ich zwei Mal einen Waldbrand miterlebt. Keine Seltenheit in dieser waldreichen Gegend, in der die Sommer so trocken sind. Eine winzige Kleinigkeit konnte ein Feuer entfachen, und wenn der Mistral blies, waren Waldbrände unvermeidbar.

Das konnte sehr bedrohlich werden, denn wir waren ziemlich weit von der zivilisierten Welt entfernt. Das erste Mal war der Brand vermutlich von ein paar Schafen ausgelöst worden, die Elektrozäune, die knapp über dem Boden verliefen, niedergetrampelt hatten. Glücklicherweise waren zwei Helikopter schnell zur Stelle und löschten das Feuer innerhalb von zwei Tagen. Eine Zelle war dennoch völlig niedergebrannt, nur die WC-Schüssel hatte überlebt. Sie stand nach dem Feuer mitten in der Landschaft, ein gleichermaßen surrealistischer wie angsteinflößender Anblick. Ein erheblicher Teil unseres Geländes war völlig verwüstet und verkohlt, der Boden ähnelte einem Schlachtfeld. Die Erschütterung ging einem noch Wochen und Monate später durch Mark und Bein. Es hinterließ einen tiefen Eindruck bei mir und vor allem viel Lärm in meinem Kopf. Endlos tauchten die dazugehörigen Bilder und Gedanken in mir auf.

Das zweite Mal, dass wir so etwas erlebten, war sehr beängstigend. Ich war nachts aufgestanden, heute weiß ich gar nicht mehr, weshalb, und blickte auf einen knallroten Himmel. Mir war sofort klar, dass der Wald brannte, und ich schlug Alarm. Nie werde ich die Reaktion meiner Starets vergessen, die in vollstem Vertrauen darauf, dass das Feuer an uns vorbeiziehen würde, seelenruhig im Bett liegen blieb. So weit ging meine vertrauensvolle Hingabe noch nicht. Ich geriet in Panik. Feuerwehrautos waren in kurzer Zeit an Ort und Stelle, aber die Feuerwehrleute konnten bei dem starken Wind nicht allzu viel ausrichten. Glücklicherweise drehte der Wind, und das Feuer bewegte sich in die entgegengesetzte Richtung. Das war unsere Rettung. Die Reaktion meiner Starets hat mich danach noch lange beschäftigt. Sie lebte offenbar im Zustand vollkommenen Vertrauens, dass sich die Dinge – wie auch immer – günstig für uns fügen würden. Ich dachte an die Worte aus dem Evangelium: »Fürchtet euch nicht vor denen, die den

Leib töten, euch aber sonst nichts tun können« (Mt 10,28, Lk 12,4).

Es gab in der Zeit aber auch lustige Zwischenfälle. Einmal kam ein Pfau, der aus einem nahegelegenen Tierpark ausgebüxt war, heranstolziert und spazierte über unser Gelände. Wir amüsierten uns köstlich mit diesem Tier, das einen Mordslärm veranstaltete und heftig mit seiner Federpracht prunkte. Jeden Morgen vollführte er ein Ritual, stolzierte an allen Zellen entlang und breitete seine Federn aus, als ob er uns verführen wollte. Es war ziemlich kompliziert, das Tier wieder einzufangen. Schließlich wurde es in den Tierpark zurückgebracht. So war immer irgendetwas los.

Der Tagesablauf

Im Kloster beginnt der Tag sehr früh. Wir standen morgens gegen drei Uhr auf. Besonders in Frankreich lebten wir nahe an der Natur, das heißt, man hörte buchstäblich die nächtliche Stille und dann das Erwachen der Natur. Wir meditierten morgens etwa drei Stunden lang in der Stille, dann folgte die gemeinsame Liturgie, die Mette (der ausführliche Morgengottesdienst), und anschließend feierte jede von uns die Liturgie ganz für sich allein. Um neun Uhr wurde uns etwas Obst vor die Tür gestellt. Den Vormittag verbrachten wir mit eigenen Textstudien; viel Metaphysik, aber auch Theologie. Der Orden geht ja auf die katholische Kirche zurück. Vor allem die Metaphysik fand ich faszinierend, sie hat mich stark geprägt. Die Ontologie, die Lehre vom Sein, hat die Basis für mein Denken gelegt, eine solide Basis, denn wenn alle Frömmigkeit, alles Ehrfurchtsvolle wegfällt, bleibt das »Seiende« bestehen.

Vor allem die Gedanken von Aristoteles wirkten sich stark auf mein Denken aus. Im Westen und im New-Age-Gedankengut wird bestimmten Übersetzungen von Plato viel Aufmerksamkeit geschenkt, doch bei mir war es Aristoteles, der mein Denken definitiv geformt hat.

Beim Studium der Theologie ging es in erster Linie um die »Summa theologica« von Thomas von Aquin. Zahlreiche Theologen der Aufklärung wenden sich entsetzt ab, aber ich habe Thomas von Aquin durchaus schätzen gelernt. Sein Gedankengut ist ebenfalls in mein Denken eingeflossen, jedoch auf völlig andere Weise und in geringerem Maße als die Lehre des Aristoteles. Bei Thomas von Aquin gibt es Aussagen, die ich sehr kraftvoll fand und immer noch finde, wie zum Beispiel die, dass alles, was in unsere Intelligenz eindringt, zuerst durch die Sinnesorgane gegangen ist. Das hat mir die Augen geöffnet.

Während meines Noviziats wurden wir durch die Frères von Saint-Jean unterrichtet, die sich noch katholischer gaben als der Papst. Das war gewöhnungsbedürftig für mich, vor allem was die Theologie betraf, sie troff förmlich vor Rom-Hörigkeit. Aber die Metaphysik konnten sie fantastisch gut erklären, wirklich brillant. Einmal im Monat bekamen wir Unterricht, dafür verließen wir für ein paar Stunden unsere Zellen, unser Zuhause, und kamen in einem

Gemeinschaftsraum zusammen. Diese Unterweisungen waren aber nicht von langer Dauer. Später studierte ich dann wieder in meiner Zelle mithilfe von Kassetten und Büchern, die uns zugeschickt wurden.

Dieses Studium, vor allem die Auseinandersetzung mit der Metaphysik, diente dazu, unser Denken zu ordnen und zu formen. Zusätzlich beschäftigten wir uns mit dem Training der Gedanken und Emotionen entsprechend der Tradition der Wüstenväter. Vor allem das Gedankengut von Evagrius Ponticus spielte hierbei eine wichtige Rolle. Dieser lebte um das vierte Jahrhundert nach Christus und hinterließ einige Schriften. Wir lasen aus dieser Tradition die Vatersprüche, eine Sammlung von Apophthegmata. Deren Weisheit basiert auf dem Gehorsam des Schülers gegenüber seinem Meister. Vor dem Meister sollte man seine Seelenwelt, und damit meine ich seine Gedanken- und Gefühlswelt, offenbaren. Das machten wir im Kloster auch, bewegten wir uns doch auf den Fußspuren der Wüstenväter. Das Aufschreiben meiner Gedanken für die Starets hat mich gelehrt, meine Gedanken und Emotionen genau zu beobachten. Solange man Gefangener der eigenen Gedanken und Emotionen ist, bleibt man unfrei. Das war ein erster Anfang, um mich von meinen Gedanken und Emotionen zu befreien: Das bedeutet Erwachen, und es schenkt eine unglaubliche Freiheit, denn echte Freiheit besteht darin, innerlich frei zu sein von Gedanken und Emotionen.

Gegen zehn, elf Uhr bekamen wir die erste Mahlzeit des Tages, sie wurde in kleinen Töpfen vor die Tür unserer Zellen gestellt und bestand aus gedünstetem Fisch, Oliven, Getreide. Wir aßen alle möglichen Getreidesorten, die man sich nur denken kann. Ich habe die meisten erst dort kennengelernt: Gerste, Hirse, Couscous, Reis, Buchweizen, Quinoa, Bulgur. Das war alles, was wir zu uns nahmen, an sich sehr einfaches Essen, aber trotzdem schmackhaft. Wir hatten eine gut ausgetüftelte Diät. So wenig Variation wie möglich, um die Verdauungsorgane möglichst wenig zu strapazieren, sodass die Nahrung optimal verdaut werden konnte.

Manchmal gab es in einer Jahreszeit immer wieder dieselbe Gemüseart. So aßen wir manchmal Wochen oder gar Monate nacheinander jeden Tag Karotten. Meine Haut wurde schon gelblich-orange davon. Das führte einmal zu einer verrückten Situation. Als ich gerade nach Südfrankreich gekommen war, musste ich wegen meiner Aufenthaltsgenehmigung zu den Einwanderungsbehörden nach Marseille. Eine ärztliche Untersuchung war Teil des bürokratischen Akts. Man wurde gründlich untersucht und musste Fragen verschiedener Ärzte beantworten. Einmal wurde ich einzeln aufgerufen. Ich erschrak, denn das bedeutete, dass etwas nicht stimmte. Ein Arzt und jemand von der Behörde wurden hinzugezogen. Es schien sich um eine ernste Angelegenheit zu handeln. Ich wurde gebeten, mich auf ein Bett zu legen, und mehrere Personen standen dann um mich herum. Augenblicklich fühlte ich mich kleiner werden, und ich bereitete mich auf das Schlimmste vor. Dann sagte der Arzt plötzlich:

»Entweder Sie haben ein Problem mit der Leber, oder Sie essen jeden Tag Karotten, das Weiß in Ihren Augen ist knallgelb.« Ich atmete erleichtert auf – und viel später, nach meinem Austritt aus dem Kloster, habe ich sehr lange keine Karotten mehr gegessen.

Nach dem Essen folgte die Einzelliturgie in der Einsamkeit der eigenen Zelle, und dann arbeitete man noch etwas im hauseigenen Arbeitsraum oder sonst wo in Einsamkeit und Stille. Dieses Arbeiten beinhaltete das Bemalen von Steinzeug oder Keramik oder das Malen von Ikonen, es ging auf jeden Fall um gestaltende Arbeit. Beim Eingang zu unserer Klosteranlage gab es einen kleinen Laden, der von Laien betrieben wurde und in dem wir unsere selbst gemachten Artikel zu hohen Preisen verkauften. Zumindest sagten meine Eltern das, die sich ab und zu in dem Laden umsahen, wenn sie zu Besuch waren. Gegen Ende des Nachmittags erhielten wir die zweite und letzte Mahlzeit des Tages, meistens gedünstetes Gemüse mit selbst gebackenen herzhaften Plätzchen mit Sonnenblumenkernen oder Ähnlichem. Wir aßen so gut wie nie Süßigkeiten, höchstens einmal Zucker in seiner natürlichen Form, aber nie raffinierten, weißen Zucker. Wir waren alle gertenschlank, obwohl wir doch gut und reichlich aßen. Ich musste jedenfalls nie Hunger leiden.

Den ganzen Tag lang, mit Ausnahme der morgendlichen Liturgie, war jede von uns allein gewesen, hatte allein gegessen, Texte studiert, gearbeitet, die Liturgie gefeiert. Am Abend war dann der Moment, an dem wir unsere Häuschen und damit die Einsamkeit verließen und über einen kleinen Weg zur Klosterkapelle gingen, wo wir im Anschluss an die Vesper gemeinsam eine Messe feierten. Das ging meist in Stille vor sich, entsprechend der Gewohnheiten der Kartäuser. Ich fand das sehr eindrucksvoll, eine Messe in totaler Stille, die Rituale, die Einfachheit von allem. Davon ging eine starke Wirkung aus. Als Frauenkloster hatten wir leider keine eigenen Priester vor Ort und waren auf Priester von außerhalb angewiesen. Diese waren aber nicht mit unseren Ritualen vertraut, sodass die Messe dann nicht immer in absoluter Stille gehalten wurde. Ich habe mich später nie wieder an Messen in normalen Kirchen gewöhnen können.

Nach der Messe war man wieder mit sich allein in der Zelle, mit etwas Lektüre, der Abendliturgie und dem frühen Zubettgehen, denn der nächste Tag begann schon um drei Uhr morgens. Die Tage gingen eigentlich sehr schnell vorbei. Durchaus merkwürdig, aber straff strukturierte Tage fliegen nur so dahin.

Persönlicher Coach

Im Kloster wird man nicht kontrolliert, und im Prinzip ist jedem freigestellt, das zu tun, was man möchte. Niemand geht um drei Uhr morgens die Zellen ab, um nachzusehen, ob auch alle aufgestanden sind. Nachlässigkeit könnte sich leicht einschleichen, und man hätte dieses oder jenes überspringen können. Das machte ich trotzdem nicht, und zwar nicht deshalb, weil ich Skrupel gehabt hätte, sondern weil ich sehr früh verstanden habe, dass die Struktur wirklich Sinn ergibt. Sie ist sogar das wichtigste Hilfsmittel, das man hat. Ohne sie ist man bald den »Dämonen« des eigenen Geistes ausgeliefert. Ich habe mit eigenen Augen gesehen, wie Menschen vollkommen durchgedreht sind und weggebracht wurden. Ohne Struktur wird man verrückt, Langeweile und Verzweiflung schlagen zu. Dann wird das Ganze zu einem Gefängnis. Ohne Fokus wird es völlig sinnlos. Oder zugespitzt gesagt: Entweder man macht mit, oder man dreht durch und geht. Eine andere Wahl gibt es nicht.

Wir genossen eine sehr persönliche Begleitung durch unsere Priorin, die zugleich unsere Starets war. Das Wort Starets stammt aus der byzantinischen Tradition und meint einen geistlichen Begleiter auf dem spirituellen Weg. Staretzi sind Menschen, die schon länger im Kloster leben und auf ihrem spirituellen Weg sehr tief und weit gegangen sind. Es wurde darüber nicht gesprochen, aber sie kannten den Weg, zumindest traf das auf die beiden zu, die ich persönlich erlebt habe. Es sind nicht so sehr Persönlichkeiten, die organisatorisch alles besonders gut im Griff haben, sondern jene, die spirituell kraftvoll und vor allem weise sind.

Im Kloster war die Starets das, was man heute Personal Coach nennen würde. Ich sprach mit ihr einmal in der Woche etwa eine halbe Stunde. Den Rest der Woche führte ich eine Art Tagebuch: Ich schrieb jeden Tag meine Gedanken, Gefühle und Emotionen auf, kurz und bündig. Dadurch lernte ich bald, meine Gedanken und Emotionen überhaupt wahrzunehmen und mich sozusagen von der Identifikation mit diesen Gedanken und Emotionen zu lösen. Man schrieb keine richtigen Geschichten, sondern benannte, was man gedacht und gefühlt hatte und wie man damit umgegangen ist. Das wurde dann im Gespräch mit ihr durchgenommen. Wie lehrreich das war! Früher in der Schule oder auch zu Hause habe ich solche Dinge gar nicht gelernt, und ich war in dieser Beziehung richtig ahnungslos und dumm. Ich konnte mich vollkommen mit einer Emotion identifizieren, und es gelang mir nicht, mich davon zu lösen, im Gegenteil, ich versank buchstäblich in einem Sumpf von Emotionen und ließ mich davon forttragen.

Man könnte meinen, dass man es in einem so einsamen Leben kaum mit starken Emotionen zu tun bekäme, andere Menschen sind weit weg und können einen nicht in Wallung bringen. Die Reaktion auf das, was eine Emotion eigentlich ist, ist faktisch überflüssig. Aber nichts ist weniger wahr. Es gibt immer etwas, auf das man reagieren kann, auch wenn es nur eine Stechmücke oder ein verloren gegangener Stift ist. Emotionen sind an sich neutral, doch die Gedanken, die sie auslösen, nicht. Damit fängt der Zirkus an. Anfangs durchschaute ich diese Dynamik nicht und kam alle naselang in die Bredouille.

Ich möchte ein Beispiel nennen. Meine Mutter machte sich immer große Sorgen, dass ich nicht genug warme Kleidung hätte, besonders seit ich die gesundheitlichen Probleme in den Ardennen hatte. Jedes Mal, wenn sie kam, brachte sie schöne und teure Wollsachen mit: Unterwäsche, Strümpfe und Socken. Alles erstklassige Qualität aus englischer Wolle. Nun, die Sachen wurden mir dann natürlich nicht gegeben. Über so etwas konnte ich mich fürchterlich ärgern und eine Weile in Selbstmitleid versinken. Die Struktur sorgte dafür, dass ich mich aufrecht hielt, doch Erlebnisse dieser Art kamen schon sehr hart an. Ich verstand die Lektion; alles hat mit Loslassen zu tun. Aber ich hatte mit meiner Wut zu kämpfen, und in einem Leben dieser Art war das äußerst schwierig. Es gab keinerlei Ablenkung. Man konnte nicht mit den anderen über diese Frustrationen reden wie in der normalen Welt oder in die Stadt gehen und sich mit Einkäufen trösten oder abreagieren. Das bedeutete Tage, manchmal auch Wochen der emotionalen Auseinandersetzung. Ich war dadurch allerdings gezwungen, einen Ausweg zu finden, denn ich wollte nicht jedes Mal durch eine solche Hölle gehen.

Ich lernte, auf Abstand zu meinen Emotionen zu gehen. Das bedeutete nicht, die Emotionen zu leugnen oder zu unterdrücken, es bedeutete vielmehr, die Emotionen zunächst zu benennen, sie zu deuten und sich anschließend von ihnen loszusagen. Und das verschaffte mir Raum. Da ich so intensiv mit dieser Auseinandersetzung beschäftigt war, erlebte ich den ganzen Prozess äußerst bewusst. Es wurden Lektionen fürs Leben. Aber einfach war das ganz gewiss nicht. Einmal habe ich noch vor Wut das Telefon in meiner Zelle, das für Notfälle gedacht war, von der Wand gerissen.

Die Gespräche mit der Starets drehten sich immer um meinen Weg. Von ihrer Person wusste ich eigentlich so gut wie nichts. Sie sprach nicht über sich selbst, es ging ausschließlich um mich. Wir unterhielten uns darüber, was ich in der letzten Woche alles wahrgenommen hatte an Gedanken, Emotionen, Einsichten und eventuellen Schwierigkeiten oder auch Möglichkeiten und schönen Dingen. Wir besprachen praktisch alles. Manchmal hatte ich mich derart mit einer Emotion oder einem Gedanken identifiziert, dass der Gesprächstermin genutzt wurde, um meinem Ärger Luft zu machen. Manchmal waren es auch sehr strukturierte Gespräche. Natürlich redeten wir immer wieder und ausgiebig über das Gebetsleben und darüber, was in der Meditation geschehen war. Das war für mich besonders wichtig, denn während der Meditation erlebte ich Dinge, die meinem restlichen Leben Farbe verliehen. Die Starets sprach dann immer ein Wort der Weisheit, und sie hörte vor allem sehr genau zu. Das war aber von Person zu Person unterschiedlich. Meine Starets in Belgien war mehr der Typ mit dem offenen Ohr, die in Frankreich war eher ein lenkender Typ. Manchmal fand ich die eine Herangehensweise angenehmer, dann wieder gefiel mir die andere besser. Perfekt war es natürlich nie, doch ich denke, dass das auch gut so war, denn sonst hätte ich mich vielleicht zu eng an die entsprechende Person gebunden. Der Kontakt blieb letztlich sachlich, trotz aller Herzlichkeit und Fürsorglichkeit, eine gewisse Distanz wurde gewahrt. Man spürte die wahrhaftige Anteilnahme, aber es wurde nie zu freundschaftlich. Ich schätzte das durchaus, auch wenn ich mir manchmal mehr Anteilnahme, ein Schulterklopfen oder ein paar Streicheleinheiten gewünscht hätte. Eine halbe Stunde war und blieb eine halbe Stunde, egal wie viel Dampf ich ablassen wollte. So blieb der Bogen unter Spannung, ich wurde im Grunde genommen auf meine eigenen Beine gestellt, und das formte mich.

Am Ende des Gesprächs gab mir die Starets immer ein Wort der Weisheit mit auf den Weg. Manchmal handelte es sich dabei um Zen-Koans (Sprüche, die zu einem Nichtwissen führen) oder um Apophtheagmata (Sprüche der Wüstenväter). Diese Worte waren für den Verstand nicht zugänglich, es waren echte Weisheitsworte. Es kam vor, dass ich mich eine ganze Woche mit den Sprüchen auseinandersetzte und endlos darauf herumkaute, in der Hoffnung, die Bedeutung würde sich mir erschließen. Eine Erkenntnis trat bei Weitem nicht immer ein.

Es hatte gar keinen Sinn, um eine Erklärung zu bitten. Auch wenn sie es mir erklärte, ich verstand es einfach nicht. Es handelte sich um ein inneres Wissen, nicht aus dem Verstand, sondern aus dem Herzen. Wenn ich um eine Erklärung bat, bekam ich die auch nicht immer. Die Starets lächelte dann mitfühlend und liebevoll mit einem Blick, der sagte, irgendwann einmal wirst du es schon verstehen. In solchen Momenten fiel es mir schwer, die nötige Geduld aufzubringen und es dabei zu belassen. Dabei konnte man lernen, wie es ist, auf Granit zu beißen: eine harte Schule.

Erst rückblickend fiel mir auf und konnte ich erkennen, welch klares Bild sie von mir hatte. Sie sagte beispielsweise einmal, ich habe Angst vor dem, was alles in mir steckte. Damals verstand ich diese Bemerkung nicht, heute denke ich jedoch, dass sie damit völlig recht hatte. Die Staretzi waren richtig gute Psychologen, genau wie die Wüstenväter. Sie wussten, was in einem Menschen lebte, genauso, wie Jesus das wusste.

Depression – Der Dämon der elften Stunde

Wichtig ist, die Mitte, den Fokus, nicht aus dem Blick zu verlieren. Bei genauem Hinsehen sind viele Probleme darauf zurückzuführen. Die Menschen haben oft ihren Fokus aus den Augen verloren, und sie verlieren sich in der Fülle der Dinge um sie herum. Die innere Verbindung zum Fokus ist ihnen abhandengekommen, und sie fühlen sich hoffnungslos entfremdet von ihrem inneren Kern und damit vom Leben. Ein sehr ungutes Gefühl, das alles sinnlos erscheinen lässt und die Menschen zur leichten Beute der Langeweile macht.

Auch im Kloster kann man den Fokus verlieren. Der »Dämon der elften Stunde« beziehungsweise die sogenannte *Acedia* ist in der Wüste ein bekanntes Phänomen. Es ist ein Gefühl der Lustlosigkeit, das einen urplötzlich überfallen kann. Unter Einsiedlern ist dieses Phänomen gar nicht so selten. Schon Evagrius Ponticus sprach im vierten Jahrhundert nach Christus davon. In unserer Ausbildung lernten wir, damit umzugehen.

Zunächst wurden wir darüber unterrichtet, dass es den Gemütszustand der Acedia gibt, dass er dazugehört und auch wieder vergeht. Es macht einen gewaltigen Unterschied, meine ich, wenn man das Phänomen benennen und somit ein Stück weit Distanz zu sich selbst herstellen kann. Das schafft viel Raum. Ich empfand solche Phasen als enorm bereichernd, denn ich wurde dadurch innerlich sanfter. Manchmal musste ich weinen, aber wie die Wüstenväter so schön sagten: »Weinen macht das Herz weich wie Wachs, es öffnet das Herz.« Letzteres war für mich besonders wichtig, denn von Natur aus fällt es mir schwer, auf der Ebene meines Herzens zu leben, während es im klösterlichen Leben genau darum geht. Wenn man aus dem Herzen heraus lebt, öffnet sich der Fokus wieder. Die Kunst besteht darin, das Herz wieder in Kontakt mit der Mitte zu bringen. So gesehen ist das Leben wie Ebbe und Flut: Die Bewegung findet ein Leben lang statt, unabhängig davon, ob wir uns in der Zelle eines eremitischen Klosters befinden oder sonst wo auf der Welt. Der einzige Unterschied besteht darin, dass ich jetzt weiß, dass es die Acedia gibt und der Zustand wieder vergeht, wenn ich mich sehr bewusst fokussiere.

Sobald man den eigenen Fokus wiedergefunden hat, tritt das ständige Habenwollen, das eine Quelle von Schmerz und Kummer ist, in den Hintergrund. Das ist deshalb so wichtig, weil ein Großteil unserer Energie durch Besitz beziehungsweise den Wunsch nach Besitz absorbiert wird. Dabei geht es doch um das Sein. Das klingt jetzt sehr theoretisch, aber es ist leicht nachzuvollziehen. Wir wollen alle gern irgendwelche Dinge besitzen, große Dinge wie ein Auto oder kleinere Dinge wie eine neue Jacke. Begierden können sehr mächtig sein, und in dem Moment, in dem das Objekt Ihrer Begierde Ihnen gehört, folgt ein Moment tiefer Genugtuung. Aber wir alle kennen auch die Erfahrung, dass dieses herrliche Gefühl nach kurzer Zeit wie Schnee an der Sonne schmilzt. Wie lange das Glück anhält, ist von Person zu Person verschieden. Möglicherweise hält die Begeisterung über eine größere Anschaffung etwas länger, doch früher oder später kommt der Moment, an dem man gar nicht mehr daran denkt, sondern bereits mit dem nächsten Wunsch beschäftigt ist. Das kann ein ganzes Leben so weitergehen, auch im Bereich persönlicher Beziehungen oder im Beruf. Wie schnell können wir manchmal einer Person oder einer Sache überdrüssig sein, und schon starren wir auf den nächsten Programmpunkt. Das verursacht deshalb so viel Unruhe, weil nie eine tiefe Befriedigung folgt.

Der Fokus dagegen schenkt uns eine immer tiefer gehende Erfüllung. Der Drang zur fortwährenden Jagd und die Unruhe verlieren an Kraft. Man findet das Glück in sich selbst. Dinge können einem durchaus noch wichtig sein, aber man sehnt sie nicht mehr so heftig herbei, und wenn man sie gar nicht bekommt, ist es auch gut. Das ist Freiheit. Man hat die Freiheit, daran zu denken oder nicht daran zu denken, sich damit zu beschäftigen oder sich nicht damit zu beschäftigen. Das bedeutet wahre Freiheit, und in diesem Sinn ist Loslassen ein wichtiger Aspekt auf dem spirituellen Weg. An sich ist die gesamte Natur so eingestellt, denn alles bereitet uns auf das endgültige Loslassen, das Sterben, vor. Dann müssen wir unseren Körper, die Materie, loslassen. Wir können ihn nicht mitnehmen, und wenn wir zu Lebzeiten das Loslassen nicht geübt haben, wird das ein sehr schwieriger und mühsamer Prozess. Loslassen erleichtert, Loslassen befreit.

Was mir enorm geholfen hat, war das tägliche Aufschreiben meiner Gedanken, Emotionen und Einsichten. Ein sehr nützliches Hilfsmittel, wenn man nur einmal pro Woche über diese Dinge reden kann. Einerseits half es mir, meine Gefühle zu entladen, andererseits konnten sich meine Einsichten durch das Aufschreiben vertiefen. So hatte ich beispielsweise einen Traum, der mir die Botschaft vermittelte, ich sei dabei, die Zügel schleifen zu lassen. Die Tür, durch welche die Acedia sich anschleichen konnte, stand weit offen. Mir wurde damals bewusst, dass ich den ganzen Tag von dem Feigenbaum in meinem Garten aß. Kaum stand das Essen vor der Tür, schon stopfte ich es im Vorbeigehen in mich hinein. Außerdem war ich in Bezug auf die Disziplin nachlässig geworden und schlief während der Meditation ein. Das war ein deutliches Zeichen von Acedia.

Durch diesen Traum wurde mir klar, dass es an der Zeit war, buchstäblich wach zu werden, und nach Rücksprache mit der Starets machte ich täglich Notizen. Ich schrieb auf, wie ich aß, ob ich mich an den Tisch setzte, ob ich den Feigenbaum in Ruhe ließ, wie ich bei den nächtlichen Meditationen wieder aufmerksamer wurde, und als Wichtigstes, wie ich den Fokus wieder ins Visier nahm.

Die Starets sagte übrigens in den Zeiten von Acedia nie sehr viel. Ich erfasste intuitiv, dass sie es wusste, doch sie äußerte sich nicht dazu. Sie hörte mir zu und gab mir immer ein Wort der Weisheit mit, aber sie überließ es mir, mich wieder für den Fokus zu entscheiden. Wenn ich es nun rückblickend betrachte, war die Begleitung einzig und allein darauf ausgerichtet, mich zu meiner eigenen Weisheit und Kraft zu führen. Die Richtung wurde nicht vorgegeben, und die Starets griff nicht in das Geschehen ein. Vielleicht hätte sie es gemacht, wenn die Dinge zu sehr aus dem Ruder gelaufen wären, doch das bleibt Spekulation.

Anfangs hatte ich es schwer mit solchen Phasen der Acedia. Ich wollte dann nur so schnell wie möglich wieder herauskommen, vor allem wenn der Sog zu mächtig wurde und ich selbst alles so sehr hatte schleifen lassen. Ich wurde dann sehr ärgerlich, wenn die Starets auf meine vermeintlichen Hilferufe nicht reagierte. Sie sagte dann immer, ich müsse zur richtigen Mitte zurückkehren. In solchen Momenten sah ich aber weder den Weg noch das Ziel, geschweige denn, dass ich mich irgendwie hätte positionieren können. Es herrschten Nebel, Lustlosigkeit und Apathie. Was ich dadurch gelernt habe, ist, mit großer Sorgfalt präventiv zu arbeiten. Es ging vor allem darum, meine Meditationen nicht zu vernachlässigen, denn der »Dämon der elften Stunde« stand wie aus heiterem Himmel plötzlich vor der Tür, und sobald er einmal im Haus war, war es schwer, ihn wieder loszuwerden.

Die Wüstenväter wussten, dass die Acedia eine Rolle spielt, wenn es darum geht, sein Herz zu öffnen. Die Acedia erweicht das Herz und macht es sanft und empfänglich. Wut und Ärger, Widerstand und Stolz weichen, Trauer tritt an ihre Stelle. Die Wüstenväter und insbesondere ihre Nachfolger innerhalb des byzantinischen Ritus waren mit der Meditation des Herzens vertraut. Ich habe das auch geübt. Man konzentriert sich dabei während einer halben Stunde auf das Herz und auf die Atmung, die über das Herz geht. Die gesamte Konzentration ist ausschließlich darauf ausgerichtet. Das Herz wird viel weicher, es ist eine hervorragende Übung.

Das Wichtigste bei der Acedia war, über das Herz zum Fokus zurückzukommen. Das gelingt, wenn man die Ausrichtung auf den Fokus mit seinem Herzen, das durch die Demütigung der Acedia weich geworden ist, verbindet. Die Acedia war für mich eine wichtige Schule und ist es bis heute. Sie lässt sich nicht dadurch vertreiben, dass man die Wüste verlässt. Sie gehört zur menschlichen Existenz. Nach jeder ›Heimsuchung‹ bin ich insgesamt wieder wacher, und so war das auch im Kloster. Das Leben wird reicher, es vertieft sich.

Meditation

In meiner Anfangszeit, während des Noviziats, habe ich mehrere Male die sogenannten ignatianischen Exerzitien gemacht. Diese sehr bekannte Form der Meditation basiert zwar auf dem Evangelium und dem Leben Jesu, aber die Techniken sind an sich universell und äußerst effektiv. Mithilfe dieser Exerzitien bekam ich meinen inneren Weg viel besser in den Griff. Ich folgte den Anweisungen, wie ich mich nach innen richten und dort verbleiben konnte. Das war eine sehr interessante Meditationstechnik, und diese Exerzitien übten eine starke Wirkung auf mich aus. Die Meditation gab eine Struktur vor; das ist sehr hilfreich, denn bei den dreistündigen Meditationen war ich zuvor manchmal eingeschlafen. Ich wusste einfach nicht, worauf ich mich fokussieren sollte. Bei diesen Exerzitien habe ich dann gelernt, was zu tun ist, wie der Bogen unter Spannung bleibt, wo mein Weg liegt, und vermutlich begann sich etwas in mir zu öffnen. Ab diesem Zeitpunkt besaß ich einen Schlüssel, den ich nutzen konnte, um nach innen zu gehen.

Im byzantinischen Ritus spielt das Jesusgebet eine tragende Rolle. Daher mussten wir es auch lernen. Als Postulantin erhielt ich eine lange Gebetsschnur aus Wolle, vergleichbar mit einem Rosenkranz mit hundert Knoten. Das Jesusgebet war für mich sehr wichtig. Es war eine Art Mantra, wie man es in der transzendentalen Meditation einsetzt. Wir wurden in seiner Anwendung regelrecht geschult. Einmal im Jahr war dafür ein gemeinsames Training vorgesehen, bei dem wir sechs Stunden hintereinander das Jesusgebet »aufsagen« mussten, in Stille zwar, aber man musste an Ort und Stelle bleiben und konnte nicht einfach weggehen oder sich woanders hinsetzen. Dieses Programm fand sechs Tage hintereinander statt und hat mich stark beeinflusst. Nach solchen Tagen war ich noch wochen- oder gar monatelang in tiefer Versunkenheit, immer wieder aufs Neue wiederholte ich das Gebet, nur während der Schriftstudien tat ich das nicht. Die Gebetsschnur war als Hilfsmittel zum Mitzählen gedacht. Dafür brauchte ich sie aber nie, das fand ich unsinnig. Nur während der Fastenzeit war man zum Mitzählen verpflichtet. Man bekam Vorgaben, beispielsweise: dreihundert Mal am Tag das Jesusgebet und einige

Hundert Metanoias. Ich machte brav, was mir aufgetragen war, notierte alles und berichtete es meiner Starets.

Die Gebetsschnur war beim Jesusgebet sowohl ein auditives Hilfsmittel als auch ein Gefühlsanker. Wenn ich die Schnur nur berührte, war das Jesusgebet automatisch da und damit auch der Fokus. Manchmal kommt es mir heute noch spontan in den Sinn, wenn ich mit dem Auto unterwegs bin oder einfach so, wenn ich an gar nichts denke. Mit diesem Gebet habe ich sofort wieder meinen Fokus vor Augen.

Neben der Meditation gab es die Kontemplation, die Ruhe- oder Stillemeditation, bei der es darum geht, jede äußere Form loszulassen und in die Leere hineinzugehen. Das Jesusgebet und die Exerzitien waren noch an eine Form gebunden, sie sind der Einstieg. Später sollten diese Techniken wieder losgelassen werden und die Übenden in die große Stille eintreten. Das ist Kontemplation. Genau hierin bestand das Training, den Geist zur Stille zu führen, die jenseits eines jeden Fokus ruht.

Die Kontemplation lag mir am meisten. Es war für mich jedes Mal ein echtes Abenteuer, zu entdecken, was in meinem Inneren zum Vorschein kommen würde. Die reine Kontemplation, der Moment des absoluten Stillwerdens, kann nur mit großer Mühe über einen längeren Zeitraum gehalten werden. Das Ziel war, die Grenze jedes Mal ein Stück weiter zu verschieben. Wie ein Jogger, der jeden Tag seine Strecke etwas verlängert, übte ich, dieses stille Feld in mir auszuweiten, größer, breiter und vor allem tiefer werden zu lassen. Bei dem einfachen, reizarmen Leben, das ich führte, produzierte mein Geist aus Mangel an »Input« selbst eine Menge »Material«, sodass mir die Übung enorme Willenskraft abverlangte. Wenn es dann gelang, war das für mich eine wahre Erfüllung.

Es war allerdings wichtig, sich neben der Anstrengung auch in einer Hingabe zu üben, die nicht auf das Ergebnis zielt. Letzteres fand ich sogar noch schwieriger: sich anzustrengen und dabei absolut nicht auf ein Ergebnis zu schielen.

Obwohl die Momente großer Stille mir das Gefühl von Glück bescherten, suchte ich noch weiter und träumte davon, eine »Superekstase« zu erleben. Es kostete Zeit, damit umzugehen. Ich war ein Mensch mit starken Emotionen und einer ausgeprägten Intensität. Die Kontemplation, bar aller Gefühle, war für mich unbekanntes Terrain.

An den Montagen, den Wüstentagen, meditierte ich den ganzen Tag und versuchte, in die große Stille einzutreten. Wenn das nicht klappte, griff ich auf das Jesusgebet zurück. Üben, üben und nochmals üben, und wenn man vorankam, übte man, ohne auch nur ein einziges Ziel vor Augen zu haben.

Die Erweiterung des Bewusstseins, die in einem Kloster durch intensives Meditationstraining und vor allem die totale Stille erfolgt, zeigte sich bei mir in Form einer verstärkten Sensibilität und einer klareren Wahrnehmung der Wirklichkeit. In diesem Sinne wurde die Schönheit der Natur zu einem Spiegel für meine innere Verfassung.

Ein gesunder Körper

Allem, was mit dem Thema Gesundheit zu tun hatte, wurde bei uns viel Aufmerksamkeit geschenkt. Meiner Meinung nach stellenweise sogar zu viel, und damit kommen wir zur größten Bedrohung, die es im Einsiedlerleben gibt, nämlich der Neigung, sich zu sehr mit sich selbst zu beschäftigen. Ängste bezüglich der eigenen Gesundheit sind in der Einsamkeit eine ernsthafte Gefahr. Die Probleme vergrößern sich, wenn man alleine ist. Wenn man beispielsweise irgendwo einen leisen, nörgelnden Schmerz verspürte, wurde daraus in kurzer Zeit ein unerträglicher Schmerz. Das Einsiedlerdasein hat mir Einsichten verschafft über meine eigenen Ängste und den Zusammenhang zwischen meiner Angst vor Krankheit und dem Zustandekommen von körperlichen Krankheitssymptomen.

Ich habe über Gesundheit sehr viel gelernt, zum Beispiel, dass tatsächlich alles eins ist, dass die Natur Selbstheilungskräfte besitzt und worauf ich selbst achten muss. Im Kloster tranken wir mindestens zwei Liter Wasser am Tag, und es wurde großer Wert auf Hygiene gelegt. Das habe ich als sehr positiv empfunden, denn in der Einsamkeit gibt es niemanden, der einen sieht oder – drastischer ausgedrückt – riecht. Wir verwendeten homöopathische Heilmittel. Für mich eine Entdeckung, denn sie funktionierten bei mir ausgesprochen gut und schnell. Vermutlich weil wir gesund lebten und weder Kaffee noch Alkohol zu uns nahmen. Eine Erkältung dauerte selten länger als zwei Tage. Wir nutzten selbstverständlich auch die Natur, um uns selbst zu heilen. In Südfrankreich hatte ich sehr viel Thymian in meinem Garten, aus dem ich mir heißen Tee zubereitete, wenn ich erkältet war oder Grippe hatte. Dazu verzehrte ich frischen Lauch, der dort überall wild wuchs. Einmal litt ich unter Eisenmangel. Das merkte ich daran, dass ich immer so schnell müde und erschöpft war. Die Starets sah es auch an meinen Augen. Sie trug mir auf, einen Nagel in eine kochend heiße Kartoffel zu stecken und diese dann zu essen, und schon bald war das Problem behoben. Früher glaubte ich nicht an so etwas, doch dann erlebte ich, dass es funktioniert. Alles ist eins, und mithilfe der Naturheilkunde verstanden wir es, uns selbst zu heilen. Bei schweren Erkrankungen, wie beispielsweise Krebs, musste natürlich die klassische Schulmedizin hinzugezogen werden, aber immer nur so lange, wie es unbedingt notwendig war.

Weiblichkeit

Wir trugen im Kloster einen weißen Habit mit einem langen, weißen Überwurf aus Wolle mit spitzer Kapuze darüber. Anfangs war der Habit blau gewesen, bis der Klosterorden sich immer mehr auf die ursprünglichen Kartäuser hin orientierte, damit wurde die Farbe des Habits weiß. Im Sommer trug man anstelle des wollenen Überwurfs einen aus Baumwolle.

Äußerlichkeiten spielten eine wichtige Rolle. Im Normalfall gab es in der Zelle keinen Spiegel, aber ich wollte gerne einen haben, um meinen Schleier richtig aufsetzen zu können. Meine Starets gab mir die Scherbe eines zerbrochenen Spiegels. Ich begann, regelmäßig in diesen Spiegel zu schauen, denn mir war immer noch wichtig, wie ich aussah. Bei schönem Wetter setzte ich mich an den Wüstentagen gern in meinen Garten in die Sonne, um braun zu werden. Unsere Haare durften wir nicht abschneiden, meine waren so lang, dass sie mir bis zum Gesäß reichten. Ich fühlte mich ganz und gar als Frau, seltsamerweise sogar noch mehr als in meiner Studentenzeit. Man hatte mir erlaubt, meine Kontaktlinsen zu behalten, und wir trugen feminine Sandalen. In dem kleinen Spiegel konnte ich sehen, dass ich hübsch aussah mit meinem braun gebrannten Gesicht in dem weißen Habit. Meine Gebetsschnur wirkte wie ein Schmuckstück in dem sonst so bescheidenen Leben. Stolz wie ein Pfau trug ich sie und hütete sie wie meinen Augapfel.

Mit gleichaltrigen Frauen gab es natürlich eine gewisse Rivalität. Ich war auf spirituellem Gebiet sehr ehrgeizig und hatte mit Emotionen wie Neid und Konkurrenzverhalten zu kämpfen. In der Kapelle schaute ich heimlich mal nach links oder rechts, und oh weh, wenn einmal eine Nonne etwas mehr in Ekstase zu sein schien, dann machte ich mir doch schnell Sorgen um meine innere Verfassung. Diese Sorge hat zumindest meine Weiterentwicklung angekurbelt.

Des Öfteren werde ich gefragt, ob es im Kloster spezielle Freundschaften gegeben habe. Das Einsiedlerleben ist natürlich keine gute Voraussetzung für so etwas. Bei uns war man zu viel allein, und die Möglichkeiten, in Kontakt zu kommen, waren minimal.

In einem solchen Kloster kann man nur aus tiefer Überzeugung leben; wenn man andere Motive hat, hält man nicht durch. Ich habe jedenfalls nie etwas von speziellen Freundschaften bemerkt. Wir waren alle stark miteinander verbunden, das schon, auch wenn wir uns nicht oft sahen. Die Stille sorgt für eine innige Verbundenheit, viel tiefer, als wenn man miteinander über alles Mögliche redet. Verwunderlich ist das und schön, und doch auch verständlich. Man begegnet sich auf einer tieferen und wesentlicheren Ebene, und darin steckt eine eigene Kraft. Ich habe spezielle Freundschaften nicht wirklich vermisst. Es gab so vieles, das dies ersetzte, die Erfahrungen in meinen Meditationen, die starke Anwesenheit eines Fokus, die Stille und der strukturierte Tagesablauf.

Sexualität tauchte hin und wieder als Thema auf, aber für mich war das nie ein Problem. Es ist interessant zu lesen, dass man in bestimmten Religionen, vor allem in den gnostischen Richtungen, aber auch in der russisch-orthodoxen Strömung innerhalb des Christentums, davon ausging, dass der ursprüngliche Mensch ein androgynes Wesen war. Und, dass der mystische Mensch immer noch androgyn ist, das heißt mit einem gleichwertigen männlichen und weiblichen Pol in sich, weshalb er keine Beziehung zu einem anderen Menschen braucht, um im Gleichgewicht zu sein. Dies stimmt völlig mit meinen persönlichen Erfahrungen überein. Ich spürte, dass ich niemanden als Ergänzung zu mir selbst brauchte. Meine spirituelle Triebfeder war sehr stark, und mein Fokus faszinierte mich derartig, dass alles andere dadurch unwichtig wurde.

Orbi – Leuchtpunkte für die Welt

Das Leben in einem Kloster bringt es automatisch mit sich, dass man vom Rest der Welt abgesondert ist. Trotzdem spielte die Welt in unserem Leben durchaus eine wichtige Rolle. In meiner Wahrnehmung erlebten wir auf einer Mikroebene, was sich in der Welt auf der Makroebene ereignete. Ich will das gerne erklären. Im Kloster lebten wir manchmal in der Hölle unserer Emotionen und Gedanken, wir lebten mit unseren Dämonen. Auf der Makroebene leben Menschen in der kollektiven Hölle von Kriegen und Genoziden. Im Kleinen wird der Kampf mit den Dämonen der Weltenebene geführt. So habe ich das immer empfunden, und in diesem Sinn habe ich mich verantwortlich dafür gefühlt, was ich in der Einsamkeit tat. Rational ist das nicht zu erfassen, aber intuitiv habe ich das so erlebt. Wir haben in den Liturgien viel für die Welt gebetet. Das Gefühl, dass ich für das kollektive Ganze an der Liturgie teilnehme, war bei mir sehr ausgeprägt. Ich wusste, dass mein persönlicher, innerer Kampf um den Fokus und das Transpersonale sich auch auf der Makroebene auswirkte. Noch immer bin ich absolut davon überzeugt, dass meine individuelle Entscheidung auf die kollektive Ebene einwirkt. Genau hier lag und liegt meine Verantwortung. Klöster sind Lichtpunkte, Leuchtkörper in der Welt, von denen eine positive Energie ausstrahlt. So gesehen kann man nicht sagen, dass ich um meiner selbst willen in einem eremitischen Kloster war, obwohl die Entscheidung für dieses Leben natürlich in erster Linie aus einem selbst kommen muss und für einen selbst bestimmt ist. Doch wenn sich dieser Schritt als richtig erweist, profitiert man nicht nur selbst davon.

Die erste Profess

In Le Thoronet habe ich 1993 meine ersten, zeitlichen Gelübde abgelegt. Die ewigen Versprechen werden gänzlich in Einsamkeit und Stille gefeiert, aber die zeitliche Profess ist normalerweise Anlass für ein großes Fest. Allerdings mag ich große Feste nicht sehr, und so habe ich im kleinen Kreis gefeiert, mit meinen Eltern, dem alten Großvater, meinem Bruder, seiner Frau und ihren gemeinsamen Kindern und mit Jan Bluyssen, dem früheren Bischof von 's-Hertogenbosch, dem Großneffen meiner Mutter, der bei den Feierlichkeiten die Predigt hielt. Auch Bavo, mein erster Meditationslehrer, war mitgekommen. Es war ein besonderes Ereignis, vor allem die Predigt von Jan Bluyssen über den Weg des Mystikers Ruysbroeck machte großen Eindruck. Meinen Großvater sollte ich bei dieser Gelegenheit zum letzten Mal sehen.

Das Einsiedlerleben, die Meditation und der Fokus, all das hatte mich natürlich verändert, aber gleichzeitig war ich dieselbe geblieben mit meinen persönlichen Grenzen und

Möglichkeiten, mit guten und weniger guten Eigenschaften. Ich habe ein großes Ego, und deshalb ist es wichtig, einen spirituellen Weg zu gehen. Man kann etwas erst loslassen, nachdem man es sich zu eigen gemacht hat. Man braucht zugleich einen starken Charakter, um gegen den Strom zu schwimmen. In der Geschichte sind viele Mystiker auf dem Scheiterhaufen gelandet. Es zeugt von Persönlichkeit, in solchen Momenten die eigenen Überzeugungen und Erfahrungen nicht zu verleugnen und sich für dasjenige zu entscheiden, was einem von innen her aufgetragen ist. Das tat ich mit dem Ablegen der zeitlichen Gelübde. Marianne Williamson* hat dafür sehr schöne Worte gefunden:

Unsere tiefste Angst ist nicht, dass wir unzulänglich sind. Unsere tiefste Angst ist, dass wir grenzenlose Macht in uns haben.

Es ist unser Licht, vor dem wir uns am meisten fürchten, nicht unsere Dunkelheit.
Wer bin ich schon, fragen wir uns, dass ich schön, talentiert und fabelhaft sein soll?

Aber ich frage Dich, wer bist Du, es nicht zu sein? Bist Du nicht ein Kind Gottes?
Dich kleiner zu machen, als Du bist, dient unserer Welt nicht.

Es ist nichts Erleuchtendes dabei, Dich kleiner zu machen, als Du bist, nur damit die Leute in Deiner Umgebung nicht unsicher werden.

Wir wurden geboren, um die Herrlichkeit Gottes, die in uns ist, zu offenbaren.
Sie ist nicht nur in einigen von uns, sie ist in jedem von uns.

Wenn wir unser eigenes Licht erstrahlen lassen,
geben wir anderen Menschen unbewusst die Erlaubnis, dasselbe zu tun.

Wenn wir von unserer eigenen Angst befreit sind, befreit unsere Anwesenheit automatisch andere.

* Marianne Williamson, Terugkeer naar Liefde: leven met de principes van A course of miracles. Groningen, De Zaak, 1993.

Auflehnung

Es gab Momente, in denen ich dachte: Ich werde hier verrückt, ich will weg, sie können mich alle mal. In der Fastenzeit war es zum Beispiel einmal so, dass ich innerlich nicht dazu in der Lage war, Metanoias zu machen. Ich betrachtete mich selbst wie aus einer Distanz heraus und dachte mir, was für ein seltsamer Vogel ich doch sei.

Zweifel kamen immer wieder auf. Dann überlegte ich, ob das nun wirklich das Richtige für mich war, was ich hier überhaupt zu suchen hatte, wozu das Ganze bitte schön gut sei, und ich überlegte mir, ob es nicht verrückt sei, mich so einzusperren.

Dann wollte ich am liebsten in Spitzenrestaurants essen gehen, Champagner trinken und in einem Cabriolet genüsslich durch die Gegend fahren. Wilde Fantasien. In Frankreich hatte ich sogar die Möglichkeit, diese Fantasien Wirklichkeit werden zu lassen. Nicht weit von unserem Kloster wohnte eine niederländische Freundin meiner Familie. Sie verwaltete dort ein Schloss mit Schwimmbad, das ihren Eltern gehörte und über jeglichen Komfort verfügte.

Es waren Fantasien, die ich nie in die Tat umsetzte. Sie fühlten sich an wie »Dämonen des Geistes«, Sinnestäuschungen, Illusionen. Wenn ich gerade festsaß in der Hölle meiner Gedanken und inneren Welt, spürte ich genau, dass Weglaufen keine Option war. Es war wichtig, durchzuhalten und »auszuharren«, wie man im Deutschen so schön sagt. Silouan, ein Mönch vom Berg Athos und Vorbild für unser Leben, hat es prägnant formuliert: Ausharren in der Hölle. Manchmal traf diese Beschreibung tatsächlich zu.

Die »Hölle« wurde von den Wirkmechanismen meiner eigenen Vorstellungskraft verursacht. Normalerweise erreichen immer wieder neue Bilder von Menschen und Ereignissen unsere Vorstellungswelt. Im Kloster gibt es keinen neuen Input. Immer trägt man denselben Überwurf, bewohnt dasselbe kärglich ausgestattete Häuschen und sieht dieselbe Landschaft. Meine Einbildungskraft produzierte dann selbst intensiv und am laufenden Band Bilder. Manchmal hatte ich das Gefühl, dass sich ein Film in Zeitraffer vor meinen Augen abspulte und ich den Knopf zum Ein- und Ausschalten nicht bedienen konnte.

Gelegentlich konnte ich der Hölle kurz entkommen. Das Auto aus meiner Fantasie mit dem offenen Verdeck war in Wirklichkeit ein zwanzig Jahre alter Citroën Ami 8. Unser Kloster in Le Thoronet stand auf einem fünfzig Hektar großen Gelände. Die einzelnen Zellen lagen sehr weit auseinander, und auch das Gemeinschaftshaus, in dem die Küche untergebracht war, war weit von den Zellen entfernt. Abwechselnd hatten wir jeweils eine Woche Küchendienst. Etwa alle sechs bis acht Wochen war ich an der Reihe und musste für zwölf Einsiedlerinnen und eventuelle Gäste kochen. Anschließend war es meine Aufgabe, jeder Bewohnerin die Mahlzeiten vor die Tür zu stellen. Als Verantwortliche für den Lebensmittelvorrat des Klosters musste ich diese Aufgabe auch sonst gelegentlich übernehmen. Für diesen Dienst hatten wir den Ami 8. Es war so ein herrlich alter Geländewagen. Ich raste mit der Kiste über unser Gelände, und die Suppe, die ich hinten stehen hatte, schwappte über. Es war das einzige Ereignis, bei dem ich einmal mein überschüssiges Adrenalin loswerden konnte – ich musste selbst darüber lachen.

Eines Tages versagten die Bremsen, nachdem ich den Wagen an einem Hügel geparkt hatte. Ich stieg gerade aus, als sich das Gefährt in Bewegung setzte und den Hügel hinunterraste. Glücklicherweise habe ich überlebt, das Auto mussten wir leider begraben.

Eine andere Möglichkeit, der Hölle zu entkommen, war: Lachen. In der Kapelle gab es immer Gelegenheit für irgendwelche Verrücktheiten und Gelächter, obwohl dort eine feierliche Stimmung herrschte und wir uns zu benehmen hatten. Gleichzeitig mit mir war eine Französin in das Kloster eingetreten. Sie war in meinem Alter und ein fröhlicher Mensch, der gerne lachte. Sie ist nicht lange geblieben, weil sie die Einsamkeit nicht ertragen konnte, aber in der kurzen Zeit, in der sie da war, haben wir uns manchmal ausgeschüttet vor Lachen, vor allem in der Kapelle, wo es nicht erlaubt war. Wenn sie zu lachen anfing, bekam sie zuerst Schluckauf, dann hörte man in der langen Stille zwischen den Liturgien plötzlich einen lauten Hickser. Ich konnte kaum an mich halten.

Der Mammon

Wie es finanziell um uns bestellt war, war mir im Großen und Ganzen unbekannt. Mit meiner Starets habe ich nicht darüber gesprochen. Die Zeit bei meinen wöchentlichen Besuchen war ja schon knapp genug bemessen, außerdem ging es dabei in erster Linie um meinen Weg und um das Gebetsleben. Die Finanzen interessierten mich nicht. Ich hatte jeden Tag zu essen, und alle anderen primären Bedürfnisse wurden ebenfalls befriedigt, somit war die Frage, wie wir zu unserem Geld kamen, für mich uninteressant.

Erst später habe ich darüber nachgedacht. Der Aufenthalt der Gäste brachte uns ein wenig Geld ein. Sie aßen auch nur das, was wir uns auftischten, und bekamen keine Extras. Und wir hatten den Laden, in dem die von uns selbst gemachten Produkte verkauft wurden.

Unser Lebensstil war äußerst einfach und bescheiden. Wir haben uns gut ernährt, auch wenn wir meistens gespendete Lebensmittel verarbeiteten. Jeden Tag wurden Kisten mit überreifen Früchten und Gemüse am Tor zu unserem Gelände abgegeben. Fleisch gab es bei uns nur selten, höchstens einmal ein Stück Geflügel. Nur in Ausnahmefällen, wenn jemand krank oder nach einer Operation noch sehr schwach war, gab es Rinderfilet zu essen. Ansonsten stand fast immer gedünsteter Fisch auf dem Speiseplan. Wir trugen unseren Überwurf und den Habit so lange, bis der Stoff komplett zerschlissen war. Als Postulantin bekam ich beispielsweise einen bereits geflickten Überwurf, durch den ich meine Finger hindurchstecken konnte.

In Belgien gab es außerdem Wohltäter, und ich lernte es, sie gezielt anzuschreiben. Zur Zeit des Neubaus eines Klosters in Opgrimbie bekamen wir viele Spenden, vor allem in der Anfangsphase, als es noch Sympathie für das Projekt gab. Das hat später nachgelassen. Anfangs lebten in erster Linie die Hoffnung und die Erwartung, dass das neue Kloster eine Belebung bei den Neuberufenen auslösen würde und das religiöse Leben im Norden in einer neuen Form fortgesetzt werden könnte. So manche Organisation hat diese Hoffnung großzügig unterstützt.

Alles in allem mussten wir uns um die Finanzen keine großen Sorgen machen.

Opgrimbie, Belgien

Es war im Februar 1995. Mitten in der Nacht riss mich ein lautes Klopfen an meiner Zellentür aus dem Schlaf. Ich erschrak heftig und dachte, es sei etwas mit meinen Eltern passiert. Es ging aber um einen Anruf von unserem Mutterhaus in Currière-en-Chartreuse, in dem es hieß, ich solle im Zusammenhang mit der Gründung eines neuen Klosters nach Belgien kommen. Dieses neue Kloster sollte auf einem vierzehn Hektar großen Grundstück des belgischen Königs Baudouin in der belgischen Provinz Limburg errichtet werden, zwischen den Ortschaften Opgrimbie und Zutendaal, um genau zu sein. Das bedeutete das Ende meines langen und schönen Aufenthalts in Südfrankreich. Ich hatte ein (zeitliches) Gelöbnis auf den Gehorsam abgelegt, und so saß ich noch am selben Morgen im TGV nach Brüssel.

Das erste Mal, dass ich König Baudouin von Belgien begegnet bin, war in Marche-les-Dames, kurz nach meinem Eintritt ins Kloster. Ich erinnere mich an keine Details, sehe aber noch vor mir, wie er sich, eine ernste und hagere Gestalt, mit seinem Bruder, dem späteren König Albert, auf der Zufahrt zu unserem Kloster bewegte. Auch Prinz Albert und Prinzessin Paola besuchten uns am Geburtstag der Prinzessin einmal. Beide machten einen sympathischen Eindruck auf mich, und ich erinnere mich, dass sie uns darum baten, für Laurent, ihren jüngsten Sohn, zu beten.

Durch das neu zu gründende Kloster in Opgrimbie ergab sich natürlich ein Kontakt mit der königlichen Familie – wenn auch nur selten. Wir haben einmal alle zusammen bei der alten Königin, einer einsamen und unruhigen Frau, auf Schloss Friedheim zu Mittag gegessen. Das war nichts Besonderes, zu Hause bei meiner Familie war die Einrichtung meiner Meinung nach stilvoller und gemütlicher. Mich hat das nicht wirklich angesprochen, und richtig reden konnte man mit ihr nicht. Einige Male habe ich König Albert aus der Nähe erlebt, er ist ein normaler und zugänglicher Mensch. Mit ihm konnte man wirklich in Kontakt kommen, er hatte einen umwerfenden Humor. Er war auch der Erste, der über die Abwicklung der Bautätigkeiten am Kloster von Opgrimbie Fragen stellte. Königin Paola sprach kaum Niederländisch, sie sah sich immer alles interessiert an und lächelte freundlich, blieb aber distanziert.

Insgesamt war Belgien für mich eine große Umstellung. Wegen meiner Gesundheit hatte ich Angst, wieder dorthin zurückzukehren, gleichzeitig übte die Herausforderung, die ein derartiges Projekt darstellte, eine starke Anziehungskraft auf mich aus. Ich wohnte wieder im Kloster in Marche-les-Dames und arbeitete von dort aus zusammen mit einigen anderen an dem neuen Kloster in Opgrimbie. Es war ein katastrophales Projekt mit zahlreichen Hindernissen und Gegenwind aus allen nur denkbaren Richtungen. König Baudouin hatte nämlich per Testament dem Bistum Limburg ein Grundstück mit der Bedingung übertragen, dass dort ein Kloster unseres Ordens gegründet würde. Das

Grundstück gehörte aber zu einem Naturschutzgebiet, und es wurde keine Baugenehmigung erteilt. Die Angelegenheit gelangte schließlich bis zum Staatsrat, der dann zwar eine Genehmigung erteilte, diese nach einer Weile jedoch wieder zurückzog. So ging das hin und her, und wir hatten das Gefühl, zum Spielball von Politik und einzelnen Interessensgruppen im Hintergrund geworden zu sein.

Hinzu kam, dass die der Klostergründung zugrundeliegende Absicht meiner Meinung nach nicht richtig war. König Baudouin wollte die Einheit Belgiens auch durch solche Maßnahmen erhalten, indem er ein französisches Kloster auf flämischem Grundgebiet errichten ließ. Ich glaube, es war ein unglücklich gewähltes Mittel, einer eventuellen Trennung zwischen Flandern und Wallonien entgegenzuwirken. Wenn die Regionen selbstständig werden wollen, kann man das nicht verhindern.

Außerdem war die Atmosphäre im Kloster in Marche-les-Dames alles andere als einfach. Wir lebten, da wir aus einer französischsprachigen und einer niederländischsprachigen Gemeinschaft bestanden, buchstäblich die belgische Problematik. Jede Gruppe hatte ihre eigene Liturgie, doch wir bewirtschafteten das Haus gemeinsam. Es kam permanent zu Spannungen. Wenn ich zum Beispiel den ganzen Tag mit meiner Starets unterwegs war, konnte ich im Haus weniger Arbeiten verrichten und bekam sofort den Unmut zu spüren. Es war zwar verständlich, aber mir war das alles äußerst unangenehm.

Auf der anderen Seite wurde ich mit meiner Ungeduld bezüglich der Sprachprobleme konfrontiert. Den Franzosen gelang es nicht, sich das Niederländische anzueignen, und sie strengten sich in meinen Augen auch nicht genug an. Eine andere Nonne und ich mussten ständig als Dolmetscher einspringen. Für unser Leben der Stille und des Gehorsams war die Situation sehr prekär. Wir konnten uns über Missverständnisse und Konflikte nicht aussprechen, obwohl über nonverbale Kommunikation vieles deutlich wurde.

In dieser Zeit hat sich, jedenfalls in meiner Wahrnehmung, unser Orden verändert. In der Anfangszeit war so viel Elan vorhanden. Wir waren ein junger Orden, zwar in einer alten Tradition stehend, aber dynamisch und mit einer gewissen Offenheit. In der Zeit, als das Kloster in Opgrimbie gebaut wurde, kam es zu einem Wandel. Das hing auch mit der Einführung einer neuen Ordensregel zusammen. Unser Orden hatte jahrelang an einer zeitgenössischen Übersetzung der Kartäuser Klosterregeln, wie sie nach der mittelalterlichen Überlieferung von Guiges existieren, gearbeitet. Das war ein sehr aufwendiges Werk, das in etwa zu dieser Zeit vollendet und nun als offizielle Ordensregel veröffentlicht wurde und direkt Gültigkeit bekam. Von einem Tag auf den anderen gewannen diese Regeln und Gesetze an Bedeutung. Stille und Einsamkeit wurden als Ziele an sich formuliert, und alles andere wurde dem untergeordnet. Künftig war nicht nur unser Überwurf weiß, auch der blaue Baumwollhabit wurde durch ein weißes Kleid ersetzt, wie bei den Kartäusern. Überhaupt geriet die Form immer mehr in den Vordergrund, und das Leben wurde zusehends und doch fast unbemerkt materieller.

Insgesamt kostete mich das Projekt in Belgien viel Kraft. Ich musste regelmäßig und schnell umschalten, Äußeres und Inneres wurden vermischt. Das erforderte ein hohes Maß an Flexibilität, und ich musste alte Muster und spezifische Überzeugungen aufgeben. Es passte weder zu meiner Vorstellung eines eremitischen Lebens noch zum Evangelium. Dafür war ich nicht in den Orden eingetreten. Vieles war mir zu unruhig und zu hochtrabend, ich wollte Stille und Einsamkeit.

Alles wird neu

Inmitten dieses Schlamassels wurde mir eine wichtige Erfahrung zuteil: eine Erleuchtungs- und Einheitserfahrung. Diese Erfahrung der ultimativen Wirklichkeit war unbewusst immer mein innerer Motor, der mich angetrieben hat. Das heißt der Hunger nach dieser Erfahrung, obwohl ich das vorher nicht so hätte benennen können. Für mich war es damals gleichbedeutend mit der Gottsuche, so habe ich es jedenfalls gedeutet. Ich wusste, dass es so etwas wie eine ultimative mystische Erfahrung geben musste. Bei meiner Suche habe ich eine Menge mystischer Werke gelesen, und ich wollte auf diesem Weg bis zum Äußersten gehen. Der äußere Rahmen eines Einsiedlerlebens erschien mir durch seine konsequente Radikalität besonders geeignet dafür. Auf die Idee, dass es in Wirklichkeit ganz anders aussehen könnte, wäre ich damals nicht gekommen. Aber aufgrund der langen, stillen, einsamen Periode in Frankreich war ich offen für die ultimative Wirklichkeit.

Schließlich habe ich nach neun Jahren Einsiedlerlebens diese große Erfahrung gemacht. Ob es die größte war, weiß ich nicht. Der Weg geht ja beständig weiter, und oft kommt es zu einer Aneinanderreihung von Erfahrungen dieser Art.

Das Schöne ist, dass sich eine solche Erfahrung passend zur Persönlichkeit des jeweiligen Menschen ereignet. Ich bin ein mentaler Typ, und der große Geistesblitz (was es nicht wirklich ist, aber es ist schwer, zu benennen, was es ist) traf mich mit einem Satz von Aristoteles.

Trotz der vielen Arbeiten und Aktivitäten rund um das Kloster in Opgrimbie bestand meine Starets darauf, dass wir weiterhin unseren Studien nachgingen. Die Lehrstunden zur Metaphysik fanden in Marche-les-Dames mit den Frères de Saint-Jean weiterhin statt, so als ob wir nichts anderes zu tun gehabt hätten. Sogar ich, die ich regelmäßig nach Opgrimbie fuhr, musste daran teilnehmen und dafür Sorge tragen, dass ich immer rechtzeitig zu den Terminen erschien. Eines Tages saß ich wieder im Unterricht, mein Kopf war ganz woanders, aber ich hörte dennoch zu. Als ich den Satz »l'acte est antérieur à la puissance« (etwa: Handeln geht der Fähigkeit zu handeln voraus) von Aristoteles hörte, passierte es. Plötzlich sah ich es. In diesem einen Satz war alles enthalten. Mit einem Mal war alles kristallklar, und die Nebel waren verschwunden. Alle Schleier waren weg. Ich sah es sehr deutlich, und doch gab es bei dieser Wahrnehmung kein »Ich« mehr. Das war ES. Es ist beinahe unmöglich, die richtigen Worte dafür zu finden, aber die Erfahrung als solche hat Wochen und Monate in mir weitergewirkt. Ich hatte ein Gefühl des Glücks in mir, und gleichzeitig durchschnitt es meine Seele wie ein zweischneidiges Schwert.

Altes würde nie mehr so sein, wie es war, etwas Neues stand vor der Tür. Noch Jahre später war dieser Satz täglich in mir. Er hat für mich alles verändert.

Meine bisherigen Bezugssysteme brachen in sich zusammen. Alles, woran ich immer geglaubt hatte, fiel in Scherben. Das war ein schmerzhafter Prozess, der aber erforderlich war, um weitere Schritte setzen zu können. Ich hatte sowieso keine Wahl, es ereignete sich einfach. Alles kam auf den Prüfstand: Sicherheiten, Wahrheiten und Überzeugungen, die kurz zuvor noch unumstritten waren. Eine einzige große Veränderung. Später habe ich einmal gehört, dass eine solche Erfahrung meistens mit dem, was wir in der Welt eine Depression nennen, einhergeht. Vor oder nach der Erfahrung vollzieht sich etwas, das man als inneres Sterben bezeichnen könnte. Der alte Mantel passt nicht mehr, ein neuer ist noch nicht vorhanden. Ich betrat eine Art Niemandsland. Ein seltsames, sehr unbehagliches Gefühl, aber gleichzeitig hatte ich durch diese Erfahrung die Kraft bekommen, durch diese Phase hindurchzugehen. Das tiefe Glücksgefühl in mir bewirkte, dass ich das stete Abbröckeln der alten Welt, die mir Schutz und Sicherheiten geboten hatte, durchstehen konnte. Der klösterliche Rahmen, in dem ich lebte, begann mich jedoch einzuengen. Ich konnte die Liturgie nicht mehr singen, es kam kein Ton aus meinem Mund, meine alte Gottesvorstellung lag in tausend Scherben auf dem Boden. In der Meditation war ich gänzlich desorientiert. Ich bekam Heulkrämpfe in der Einsamkeit, und ich fühlte deutlich und mächtig, dass ich Abschied nehmen musste. Das war schwer, denn dieses Leben war meine sichere Welt, ich liebte das Umfeld, in dem ich mich befand, und in diesem Umfeld war ich jemand. Für die Außenwelt, die nach all den Jahren ihren Frieden mit meinem Weg gemacht hatte, war ich durch mein Gebet in eine wichtige vermittelnde Funktion getreten, und nun stand auf einmal alles auf tönernen Füßen. Als Mystikerin musste ich zurück auf den Marktplatz. Der wahre mystische Weg verläuft nicht fern der Welt, sondern zu den Menschen hin. Das spürte ich klar und deutlich. Eine Mystik, die von der Welt wegführt, ist eine falsche Mystik. Echte Mystik handelt vom Leben und bewegt sich zum Leben hin. Jesus sagte es bereits: »Ich bin das Brot des Lebens« (Joh 6,35). Ich musste meine Erfahrung in ein ganz normales Leben integrieren, und das Leben in einem eremitischen Kloster ist kein normales Leben. Es ist ein Vorbereitungsweg, eine Zeit der Schulung, aber als Mensch ist man nicht dazu aufgerufen, sein ganzes Leben in völliger Abgeschiedenheit zu verbringen.

Neben allen Schwierigkeiten, die meine Erfahrung mit sich brachte, erwuchs in der Tiefe meiner Seele ein starkes Urvertrauen. Ein tiefes inneres Wissen, dass alles immer gut werden würde, dass wir Menschen an sich »ganz« sind, und dass man »den Leib, nicht aber die Seele töten kann« (Mt 10,28). Das ist fundamental und substanziell und verändert wirklich etwas im eigenen Leben. Eine solche Erfahrung stellt deshalb ein sehr starkes inneres Bezugssystem dar. Alte, von außen auferlegte Überzeugungen machen langsam Platz für ein neues, anhand der eigenen Erfahrung überprüftes Bezugssystem. Und damit würde ich es schaffen.

Ich bin mir sicher, dass die lange, einsame, kontemplative Phase in Südfrankreich mich zu dieser Erfahrung geführt und dass der Schock von Opgrimbie den letzten Anstoß gegeben hat. Genauso funktioniert das, es braucht einen Katalysator. Das ist der Schlag, den man zum Erwachen braucht. Wie man es auch dreht und wendet, es war an der Zeit, die Form zu ändern, aber die Essenz zu bewahren. Der Marktplatz begann zu rufen.

3. Der Austritt

Es erfordert Mut und Kraft, aus einem Kloster auszutreten. Es bedeutet, die bisherige Form loszulassen und die Veränderung zu wagen. Der Weg zurück in die Welt ist sehr schwierig, und dabei hatte ich das große Glück, dass meine Familie zu mir stand. Wenn man das nicht hat, wird der Weg fast unmöglich. Sicherheit und Geborgenheit fallen plötzlich weg. Man wird von einer spirituellen Matrix in eine Welt ohne jeglichen Schutz gesetzt. Man landet buchstäblich in einem Chaos.

Ich ging, bevor der Bau des Klosters beendet war. Das heißt, es war noch nicht ganz fertig, doch bereits bewohnbar, und wir sollten das Kloster in Marche-les-Dames verlassen. Der Umzug nach Opgrimbie sollte in mehreren Etappen stattfinden. Kurz vor der ersten Umzugsetappe trat ich aus. Eine merkwürdige Erfahrung war das, dieses Projekt, an dem ich vier Jahre intensiv gearbeitet und das ich mit mir herumgetragen hatte, loszulassen. Eine richtig spirituelle Übung war das. Es fiel mir nicht besonders schwer, aber es beschäftigte mich noch oft gedanklich, zum Beispiel all die Bettelbriefe, die ich in der Zeit verschickt hatte. Nach meinem Weggang stürzten am Gebäude einige Mauern ein, es war, als ob der Teufel seine Finger im Spiel hätte.

Ich denke, dass ich auch in Südfrankreich zu der Einsicht gelangt wäre, dass ich wieder auf den Marktplatz gehen muss. Diese Erfahrung ist nicht ortsgebunden, ebenso wie der innere Weg. Sie hätte mich auch dort unvermeidlich zurückgeführt in die Welt, aber der Übergang wäre weiter gewesen. Die Arbeiten für das Kloster in Opgrimbie verkleinerten den Schritt unbewusst ein Stück. Ich kam viel in Kontakt mit der Außenwelt und hatte dieses und jenes zu regeln und zu tun, sodass die Welt auch mir wieder näherkam. Das war bereits eine gute Vorbereitung auf den Weg zurück. Geld zu beschaffen für den Bau des Klosters war beispielsweise Teil meiner Aufgaben. Außerdem wurde ich mehr oder weniger die Computer-Nonne, was mir später den Einstieg zu Computerarbeiten erleichterte.

Vielleicht erscheint es im Nachhinein naheliegend, dass ich austrat, aber das war es für mich in jener Situation keineswegs. Nach meiner Einheitserfahrung dachte ich nicht sofort ans Weggehen. Der Gedanke hätte mich in diesem Stadium noch sehr beängstigt. Ich war innerlich noch nicht bereit. Stattdessen machte ich einfach weiter, so gut oder schlecht ich konnte angesichts der Nachwehen der Erfahrung. Zwischenzeitlich steckte ich bis über beide Ohren in dem Opgrimbie-Projekt. Es beanspruchte viel Aufmerksamkeit und hielt mich auf Trab, für mich eine Herausforderung, in die ich viel Energie stecken konnte. Ich baute eine Bibliothek in niederländischer Sprache auf und übersetzte zusammen mit jemand anderem unsere umfangreiche byzantinische Liturgie. Ich dokumentierte alles im Computer, ich schrieb Briefe und machte verschiedene Sekretariatsarbeiten. Das war nach all den Jahren in der Einsamkeit eine völlig neue Erfahrung, und den Gedanken an ein eventuelles Weggehen schob ich weit von mir.

Trotzdem hatte ich darum gebeten, mich einmal mit jemandem von außerhalb unterhalten zu können, einem Psychologen, bei dem ich öfter vorbeikam. Auf meinen vielen Fahrten von Marche-les-Dames nach Opgrimbie fuhr ich dann und wann bei ihm vorbei. Etwas widerwillig hatte meine Starets ihre Zustimmung dafür gegeben. In diesen Gesprächen blieb es bei psychologischen Erklärungsversuchen. Leider half mir das nicht, meine Erleuchtungserfahrung zu deuten und zu erkennen, was sich wirklich abspielte. Dann meldete sich mein Körper zu Wort und sprach Klartext. Von heute auf morgen stellte man eine angeborene Nierenkrankheit bei mir fest, und ich wurde Hals über Kopf nach Paris gebracht und dort operiert. Kurz darauf musste meine Gebärmutter entfernt werden. Es war, als ob mein Körper sagen würde: »So kann es nicht mehr weitergehen.« Ich war empfänglich für die Signale. Rückblickend wurde mir auch bewusst, dass es bei beiden Eingriffen um sehr vitale Organe ging. Diese Veränderung betraf buchstäblich das Leben.

Als meine Starets beschloss, ich solle ein zweites Mal operiert werden, war mir bewusst, dass ich hier wegmusste, und zwar jetzt oder nie. Ich erinnere mich noch gut an diesen Moment. Ich wurde mitten in der Nacht wach. Ich wusste es einfach. Es war sonnenklar. Es dauerte noch eine kleine Weile, die Erkenntnis sacken zu lassen und meinen Frieden damit zu schließen. Als diese Erkenntnis in vollem Umfang bei mir angekommen war, fing ich an, nachzudenken. Denn ich wollte auf eine positive, konstruktive Art und Weise weggehen und strategisch darauf hinarbeiten. Zuerst wollte ich meine gesundheitlichen Probleme lösen, denn dafür würde ich nach meiner Rückkehr in die Welt weder das Geld noch die Energie haben. Ich entschied mich dafür, mich erst operieren zu lassen und mich erst in den darauffolgenden Monaten meiner Starets zu offenbaren. So kam es dann auch. Ich ließ mich in einem Krankenhaus in Lyon behandeln und erholte mich in der Sonne von Le Thoronet von den beiden großen Operationen innerhalb eines Jahres. Nach ein paar Monaten, als ich körperlich wieder zu Kräften gekommen war, ging ich zu meiner Starets. Zuerst reagierte sie panisch. Sie brauchten mich, ich war doch schon so lange da. Man hat sich gern, und dann ist so etwas ein enormer Schlag. Auch mich schmerzte es sehr, dass ich ständig Menschen loslassen musste, auch wenn das zum Weg – vor allem zu meinem Weg – gehört. Jesus hatte es bereits gesagt: »Werdet Vorübergehende« (ThomEv 42).

Die Starets verstand mich am Ende ganz gut.

Ich nahm sofort Kontakt mit meiner Familie auf. Ich wollte, dass sie es als Erste erfährt, und zwar von mir. Für meine Eltern war die Nachricht ein ziemlicher Schock. Nach zwölf Jahren hatten sie das nicht mehr erwartet. Nun machten sie sich Sorgen um meinen Zustand und meine Zukunft und fragten sich, wie ich meinen Lebensunterhalt verdienen wollte. Mein Bruder und ganz besonders seine Frau waren in dem Moment für mich da.

Als es so weit war, ging ich leichten Herzens. Zuerst ging ich noch mit meiner Starets Einkaufen, um ein paar hübsche Kleidungsstücke für mich zu besorgen. Wir hatten dabei sogar viel Spaß. Der einzige Wermutstropfen war, dass die anderen es nicht wissen durften. Ich verstand das zwar – jeder hat so seinen Weg zu gehen –, aber es tat weh. Aus eigener Erfahrung wusste ich, dass es für diejenigen, die zurückbleiben, schwer ist, wenn eine geht, aber das lässt sich durch Verschweigen nicht lindern. Früher oder später wird es doch entdeckt. Ich kann mich daran erinnern, dass es einen tiefen Eindruck hinterließ, wenn jemand ging, was hauptsächlich während des Noviziats vorkam. Das konnte mich in meiner Einsamkeit wochen- oder gar monatelang beschäftigen. Ich überlegte hin und her, was genau passiert sein könnte. Katastrophenszenarien tauchten in meiner Vorstellung auf. Es brachte auch Unruhe und beängstigende Fragen mit sich. Wenn nun ich einmal gehen sollte, was würde ich dann tun? Ich vermute, dass mein Austritt wie eine Bombe einschlug. Ich war ja schon zwölf Jahre dabei und stand kurz davor, die ewigen Gelübde abzulegen.

Jetzt wissen es auf jeden Fall alle. Wenn ich in Opgrimbie zu Besuch komme, werde ich von allen umarmt und wie eine Tochter empfangen. Meine Starets in Belgien hat meinetwegen viel Kummer gehabt, aber sie sieht meine Entscheidung auch als ein Loslassen für weiteres Wachstum. Die Bindung bleibt, sie wird immer bestehen. Seit meinem Austritt versuche ich, alle zwei Jahre einmal zu Besuch zu kommen, um den Kontakt aufrechtzuerhalten, und ich freue mich immer sehr, meine Starets wiederzusehen. Die

Kirche des Klosters von Opgrimbie ist wunderschön geworden, eine äußerst stilvolle, schlichte Kartäuserkirche, hell, weiß, viel Licht, aber das eigentliche Kloster ist dunkel und düster.

Die Besuche in meinem alten Kloster werden übrigens immer seltener. Das Leben außerhalb der Klostermauern beansprucht mich natürlich in vollem Umfang. Opgrimbie ist außerdem ziemlich weit weg, und es ist schwierig, die Nonnen zu erreichen. Sie gehen früh am Abend schlafen, tagsüber ist das Telefon nicht immer eingeschaltet, oder sie sind im Gottesdienst. Aber wenn ich auf den Anrufbeantworter spreche, werde ich jedes Mal sehr lieb zurückgerufen. 2009, im Februar, war ich zum letzten Mal dort. Meine Starets stellte mir dann eine Frage nach der anderen, sie ist sehr interessiert. Sie kennt mich natürlich in- und auswendig. Die meisten anderen sehe ich gar nicht mehr, habe aber auch kein Bedürfnis danach. Ich fühle mich mit ihnen verbunden, doch würden wir miteinander reden, würde ein Graben zwischen uns fühlbar werden, und das wäre eine Enttäuschung. Wenn ich zu Besuch bin, frage ich mich ja schon, wie ich das zwölf Jahre aushalten konnte. Und wenn ich zum Abschluss noch dem Gottesdienst beiwohne und von der Empore aus zu all den Nonnen hinunterschaue, denke ich mir, mein Gott, was für ein lahmer Verein. Sehr seltsam ist das, denn so fühlte es sich überhaupt nicht an, als ich noch selbst dabei war. Heute würde ich um keinen Preis der Welt zurückgehen. Ich vermisse nur die nächtliche Stille, die wunderbare Natur und den dunklen Sternenhimmel. Aber die Entwicklung hat mich gelehrt, nicht zurückzuschauen, es geht um das Hier und Jetzt. Dieses Kapitel ist für immer abgeschlossen.

Neues Leben

Eine Berufung endet nicht mit einer bestimmten äußeren Form oder, wie in diesem Fall, an den Mauern eines Klosters. Sie wechselt ins Formlose. So gesehen ist nicht von einem Bruch die Rede, sondern vielmehr von Kontinuität. Der Weg führt einen letztlich dorthin, wo man völlig auf sich selbst zurückgeworfen ist und keinen äußeren Rahmen mehr vorfindet. Jesus sagte darüber im Evangelium: Die Füchse haben ihren Bau und die Vögel ihr Nest, aber der Menschensohn hat keinen Platz, wo er sich hinlegen und ausruhen kann (Mt 8,20). In dieser Phase war ich angekommen.

Nach meinem Austritt hielt ich mich einen Monat lang auf dem Bauernhof meines Bruders in der niederländischen Provinz »Zeeland« auf, wo ich in aller Ruhe und Stille über mein weiteres Vorgehen nachdenken konnte. Das war eine vernünftige Entscheidung, aber danach sollte noch eine verwirrende Zeit auf mich zukommen. Ich kam aus dem Kloster, und bisher galt für mich, dass diese Erfahrung der Endpunkt sein würde. Das war jedoch ein Fehlschluss, denn mein eigentliches Leben begann jetzt. So stand ich dann plötzlich mitten in der großen Welt, ohne Struktur, ohne gesichertes Umfeld, ohne Schutz. Ich glaubte zwar viel zu wissen, aber in diesem Moment war ich so hilflos wie ein Kind. Ich nahm meinen ganzen Mut zusammen und machte mich auf den Weg, wollte unbedingt alles selbst machen und war ungeduldig, alles dauerte mir zu lang. Doch überstürzte Aktionen bringen nichts. Ich machte viele neue Erfahrungen und lief oft gegen die Wand. In dieser Verwirrung habe ich dann vieles über mich selbst gelernt, vor allem über mein Funktionieren in Bezug auf andere, meine Mission und meine Identität. Auch sammelte ich neue Erfahrungen, was meinen Fokus anbetrifft, der unter den neuen Umständen immer wieder neu ausgerichtet werden musste.

Im Einsiedlerleben konnte man nur mit einem Fokus überleben. Wer in seinen Emotionen hängen blieb, musste dieses Leben aufgeben. Das kam mir nun draußen in der Welt sehr entgegen. Es ist die einzige Möglichkeit, zu leben und nicht nur zu überleben.

Als Erstes stand ich vor der Aufgabe, mich selbst neu zu erfinden. Ich hatte zwölf Jahre lang keine normale Kleidung getragen, ich war nicht mehr derselbe Mensch und musste nun einen neuen Stil finden. Meine erste Garderobe ähnelte in jeder Hinsicht meiner Kleidung aus der Studentenzeit. Ich hatte kein Gespür dafür, was zu mir passte, und so fiel ich in alte Muster zurück. Nach einigen Monaten trennte ich mich von diesen Kleidungsstücken wieder, sie passten nicht zu dem Menschen, der ich geworden war. Dasselbe galt für meine Frisur. Zudem – und das war viel grundlegender – musste ich mein Verhalten sorgfältig überprüfen und zusehen, wie ich mir einen neuen Freundeskreis aufbauen konnte. Dieses Sichneudefinieren war harte Arbeit, die mich viel Energie und Zeit kostete. Ich musste mich neu ausrichten, es erging mir wie in der Pubertät.

In der ersten Zeit, als ich wieder draußen in der Welt war, war ich den ganzen Tag müde, und abends war mein Kopf voll mit Eindrücken, Geräuschen und vielen neuen Dingen. Einiges war für mich völlig neu, wie zum Beispiel ein Handy. Wir hatten im Kloster die alten, großen tragbaren Telefone, das hatte aber nichts mit dem heutigen Mobilfunk zu tun. Ich kannte keine Handys. So ein Telefon wurde eine meiner ersten Anschaffungen. Das gefiel mir gut. Andere Dinge gefielen mir nicht so gut. Als ich damals meine EC-Karte mit PIN-Code bekam, traute ich mich lange nicht, Geld aus dem Automaten zu ziehen. Mir erschien das höchst gefährlich. Man stelle sich nur vor, man hätte mich betrogen.

Brügge

Als ich zum ersten Mal wieder in meine Geburtsstadt im Süden der Niederlande kam, war das eine eigenartige Erfahrung. An manchen Stellen in der Stadt gab es neu errichtete Moscheen, einige Kirchen waren inzwischen abgerissen worden. Das Stadtbild hatte sich durch allerlei Neubauten total verändert. Das alte Stadtbild war für immer verschwunden. Ein seltsam heimatloses Gefühl überkam mich, es war bedrückend.

Nachdem ich zuerst bei meinem Bruder gewohnt hatte, ließ ich mich im Süden des Landes nieder. Aber ich konnte mich in den Niederlanden nicht mehr eingewöhnen, ich war dem Land irgendwie entwachsen. Die Welt, die ich zurückgelassen hatte, existierte nicht mehr, ich war aber mit der neuen Zeit nicht mitgewachsen. Es ging nicht mehr. Ich fühlte mich entwurzelt, und ich konnte mich mit der banalen Alltagskultur nicht anfreunden. Ich musste mir einen anderen Platz suchen. Belgien erschien mir ein guter Kompromiss, nahe an Frankreich und nicht weit weg von meiner Familie in den Niederlanden. Schließlich wurde Brügge mein »Hafen«, sicher und überschaubar, gemütlich und vertraut. Die Stadt sprach mich sofort an. Sie hat eine ausgesprochen positive Energie. Die Menschen sind freundlich, und es ist sehr angenehm, hier zu wohnen.

Ankerpunkte

Ich lese heutzutage nicht mehr im Neuen Testament, auch wenn ich die Texte immer noch großartig finde. Sie sind eine hervorragende und genaue Beschreibung des inneren Wegs. Zwischen den Zeilen kann man lesen, dass Jesus der Erleuchtete schlechthin ist und somit ein echtes Rollenmodell für uns. »Ehe denn Abraham ward, bin ich« (Joh 8,58). Jesus hat zunächst auch lange Zeit im Verborgenen gelebt, einige Jahre in Nazareth, die Zeit der Absonderung in der Wüste, und erst mit dreißig ging er auf den Marktplatz. Dreißig war zu dieser Zeit nicht mehr sehr jung, vielleicht so ähnlich wie heute fünfzig. Er war jedenfalls kein Jungspund mehr. In seinem gesamten öffentlichen Leben kann man dieses Gleichgewicht zwischen Präsenz in der Öffentlichkeit und Einsamkeit erkennen. Immer wieder, in regelmäßigen Abständen, sucht er die Einsamkeit auf. Beispielsweise nach der »wunderbaren Speisung«, zu der eine größere Menschenmenge versammelt war. Er verwandelte fünf Brote und zwei Fische in Nahrung für fünftausend Menschen. Als sich die Menschen seiner bemächtigen wollten, zog er sich zurück. Wortwörtlich heißt es: »stieg er auf einen Berg allein, dass er betete« (Mt 14,23). Jesus hatte einen klaren Fokus und ließ sich durch Eitelkeiten nicht davon abbringen. Man kann spüren, wie wichtig ihm die Verbindung zu diesem Mittelpunkt war, er ließ sich davon nicht ablenken. Jesu Lehre handelt vom Leben, nicht von Spiritualität, Kirche oder Dogmen. Er benutzte keinen strengen Moralkodex, er speiste mit Sündern und Prostituierten und gab sein Geld lieber für teures Parfüm aus, als dass er es den Armen schenkte. Der Kern seiner Botschaft handelt vom Erwachen zum Leben. Auch der Gottesdienst ist Teil eines Konstrukts, das heute nicht mehr zu mir passt. Sicher liegen für mich hier alte Anker, denn eine Messe kann nach wie vor starke Gefühle in mir wecken. Das hat mich eine Weile ziemlich verunsichert. Die alten Bezugspunkte stimmten nicht mehr, trotzdem konnte eine Marienfigur starke Gefühle in mir auslösen. Für mich ein Widerspruch und etwas, das ich nicht mehr akzeptieren wollte. Inzwischen bin ich so weit, dass ich das wieder zulassen kann. Das ist das Paradoxon der Mystik. Es ist

Sowohl-als-auch und nicht Entweder-oder. Ich neige dazu, immer wieder in Dualitäten zu denken, habe aber gelernt, dass es um den Mittelweg geht: sowohl als auch.

Hingabe und Verehrung müssen kein Widerspruch zum Fokus sein. Das eine kann zum anderen führen. Wichtig aber ist, die Hingabe nicht als Endpunkt zu begreifen, sie ist eine Station auf dem Weg zum Transpersonalen.

Die für mich bedeutsamsten Dinge, die ich durch das Klosterleben gewonnen habe, sind Disziplin und Struktur. Sie ermöglichen mir, immer wieder die Verbindung zu meinem Fokus herzustellen. Das konnte ich vorher nicht, und so schaukelte ich mehr oder weniger ziellos wie ein unlenkbares Schiff auf hohen Wellen umher. Das Training im Kloster hat mir mit der Disziplin eine Richtung gegeben. Die Disziplin ist ein Anker, sie führt uns auf eine tiefe innere Ebene, wohingegen unsere Kultur darauf ausgerichtet ist, uns aus unserer Mitte herauszuholen und von uns selbst abzutrennen. Ein scheußliches Gefühl ist das, ich habe es selbst erlebt. Disziplin und Struktur haben es mir ermöglicht, auf eine neue Bewusstseinsebene zu gelangen und den Weg zur Wirklichkeit, zum Leben, zu finden. Sie haben mich davor bewahrt, dass ich in meinen Emotionen und Sentimentalitäten hängen blieb. Voraussetzung dafür ist, die zwei Öltropfen auf dem Löffel nicht aus den Augen zu verlieren, wie Paulo Coelho uns das empfiehlt. Das erfordert natürlich Disziplin, und ich kann sie auch nicht immer aufbringen. Manchmal habe ich dazu einfach keine Lust. Es gibt so viel anderes, so viele schöne Dinge und Menschen, denen man Aufmerksamkeit schenken kann. Man kann nicht immer mit seiner Aufmerksamkeit vollkommen fokussiert sein, aber dann … weg ist das Öl, verschüttet im Sand.

Ich hätte vorher nie geglaubt, dass ein innerer Fokus eine derartige Willenskraft in mir entfachen würde. Im Kloster habe ich gelernt, mich in diesem Punkt durchzubeißen, offensichtlich mit Erfolg. Das hat mich im Nachhinein selbst am meisten verwundert, und mir wird bewusst, wie sehr mich das geprägt hat. Es hat mir auch bei späteren Erfahrungen sehr geholfen. Wenn es mir einmal nicht so gut geht, denke ich mir: »Also, ich bin da hindurchgegangen, dann werde ich doch wohl auch diese momentane Schwierigkeit überwinden.«

Natürlich sieht mein Tagesablauf heute völlig anders aus, vor allem ist er viel weniger straff organisiert als im Kloster. Es liegt jetzt an mir, die Disziplin in mir selbst zu finden. In der Regel brauche ich heute auch keine Struktur von außen mehr. Die einzigen festen Programmpunkte in meinem Tagesablauf sind die Meditationen am Morgen und am Abend und die Mahlzeiten. In Bezug auf diese Punkte bin ich sehr diszipliniert, denn sollte ich sie vernachlässigen, würde ich leicht wegdriften. Ich esse sehr regelmäßig und koche auch täglich für mich selbst. Das mache ich sehr sorgfältig, und es macht mir Spaß. Ich ernähre mich gesund, vorzugsweise in Bio-Qualität, und eigentlich halte ich dieselbe Diät ein, die wir im Kloster hatten. Sich selbst gut zu versorgen ist ein sehr wichtiger Indikator für die Eigenliebe. Das hat die klösterliche Schulung mir beigebracht. Unregelmäßiges

Essen schafft im Inneren Chaos. Ansonsten ist es so, dass jeder Tag anders aussieht. Ich halte verschiedene Seminare und Kurse, wodurch mein Leben abwechslungsreich ist.

Aus heutiger Perspektive sehe ich meine Klosterzeit als Periode, in der mir eine breit angelegte Ausbildung zuteilwurde als Vorbereitungszeit auf das eigentliche Leben. Man sinkt hinab oder steigt hinauf – je nachdem, wie man es ausdrücken will – zu einer wesentlichen Ebene. Dadurch gewinnt man eine tiefe Einsicht in sich selbst, in Möglichkeiten und Grenzen. Ich bin mir auf einer essenziellen Ebene begegnet, und das hat mich enorm verändert. Ab dem Moment, an dem man zum Wesensgrund vorgedrungen ist, liegt das Bezugssystem nur noch bei einem selbst und nicht mehr in der Außenwelt. Nicht dass ich nun heiliger geworden wäre. Ich bin an sich dieselbe geblieben, aber durch das neu gewonnene Basisvertrauen kann es im Inneren und im Äußeren so viel stürmen, wie es will, der Baum fällt nicht mehr um. Eine Art Urkraft ist in meiner Seele erstanden. Das ist der große Unterschied. Mit diesem Vertrauen, mit einem starken inneren Bezugssystem und mit der wiedergefundenen Kinderseele wächst das Bedürfnis, andere teilhaben zu lassen. Der Weg führt letztlich immer zur Dienstbarkeit an der Gemeinschaft.

Spirituelle Mutterschaft

Ich lebe allein, aber nicht aus moralischen oder prinzipiellen Gründen. Ich bin ganz einfach ein Mensch, der in einer Zweierbeziehung nicht gut funktioniert. Mich engt das ein. Ich komme sehr gut allein zurecht, bin ein Mensch für Freundschaften, aber für das Zusammenleben mit einem Menschen bin ich nicht geeignet. Diese Erkenntnis scheint auch eine gewisse androgyne Komponente zu implizieren, eine Vorstellung, bei der ich mich wohlfühle. Eigene Kinder habe ich nicht. Auch habe ich nie einen Mutterinstinkt gefühlt und sehe Mutterschaft viel breiter und nicht nur auf der physischen Ebene. So gesehen bewege ich mich jetzt wieder gegen den Strom. Faktisch bin ich durch das Coaching und die Kurse und Trainings, die ich gebe, die geistige Mutter vieler Menschen.

Erst jetzt verstehe ich, dass das zölibatäre Leben – in welcher Form auch immer – den Raum schafft, die Aufmerksamkeit zu bündeln, sich auf das Wesentliche auszurichten und anderen zu dienen. Ich scheine wie gemacht zu sein für dieses Leben, zu dem ich durch die Stille herangeführt worden bin. Diese Erkenntnis erfordert es, der Stille treu zu sein und damit meiner eigenen Identität.

Das Alleinsein hat außerdem einen sehr kreativen Prozess in Gang gesetzt. Eine gewisse Form der Kreativität benötigt, was meine Person betrifft, die Stille und die Einsamkeit, um sich zu entfalten.

Beraten und coachen

Im Kloster war ich von der Anweisung »Contemplatio et actio«, die ein typischer Spruch für die christliche Erfahrung ist, aber einen universellen Wert besitzt, fasziniert.

»Contemplatio et actio« umfasst eigentlich alles. Contemplatio muss Tatkraft mit sich bringen, sonst handelt es sich um falsche Mystik. Umgekehrt führt Tatkraft – ohne vorherige Überlegung und Besinnung – in die Sackgasse. Handeln ohne Fokus führt zu »facere« (lat.: erledigen), und das Handeln mit Fokus führt zu »agere« (lat.: wirken). Der große Unterschied ist der Fokus. Handelt es sich um facere, ist der Fokus ein materieller, geht es um agere, ist der Fokus transpersonal, er übersteigt das Ego. Kurzfristig lässt sich mit facere viel erreichen, allerdings gerät man schnell in ein Fahrwasser, in dem Stress, Konflikte und hartes Arbeiten gegen Widerstände an der Tagesordnung sind. Langfristig wirkt nur agere. Es meint so viel wie »go with the flow«, und das bringt letztlich Ergebnisse.

Kontemplation war meine große Leidenschaft, mein Lebensauftrag. Aber wie konnte ich nach meinem Austritt für actio, für Tatkraft, sorgen? Meine Begegnung mit Willigis Jäger, dem bekannten deutschen Benediktinermönch und Zen-Meister, war ein erster Schritt. Ich besuchte einige seiner Seminare. Er erkannte und anerkannte meine Erfahrung und gab mir die Anregung mit, andere Menschen auf ihrem Kontemplationsweg zu begleiten. Ich habe den Kontakt zu ihm inzwischen wieder losgelassen, es kommt immer ein Moment, an dem man den Lehrer loslassen und alleine weitergehen muss, aber es war in jedem Fall eine besondere Begegnung mit einem außergewöhnlichen Menschen.

Kontemplation wird noch immer im Zusammenhang mit der christlichen Kontemplation gesehen, und das kann ein guter Ansatz sein. Ich habe mich dafür entschieden, die Kontemplation als etwas zu deuten, das über jede religiöse Form hinausgeht und somit transreligiös ist. Ich möchte mich auf keinen religiösen Rahmen festlegen lassen, auf keine typischen, kulturabhängigen Gottesvorstellungen. Die transpersonale Bewusstseinsebene führt zur kosmischen Bewusstseinsebene und übersteigt die Ebene der Religionsausübung. Schließlich gelangen wir zur Leere des Geistes, in der wir alle vorhandenen Gottesvorstellungen wieder loslassen müssen. Deshalb erscheint es mir nicht sinnvoll, in einem früheren Stadium Gottesvorstellungen aufzuerlegen.

Kontemplation bedeutet vor allem, in die große Stille einzutreten. In einem stillen monastischen Rahmen findet man über die Ruhelosigkeit des Körpers zur Stille des Geistes. Die Grundstruktur der Kontemplation ist: das lange Sitzen, die Konzentration auf die Atmung, ein Klang, ein Wort oder Mantra oder ein Bild. Es ist wichtig, eine Struktur zu wählen und beizubehalten. Nur dann kann sich etwas bewegen. Die Wüstenväter saßen bis zu zehn Stunden am Stück auf einem Hocker in der ägyptischen Wüste und führten die Konzentrationsübungen aus.

Die Kontemplation war der rote Faden in meinem Leben, aber sie allein genügte nicht, um meinem Weg eine Form zu geben. Eine Schwierigkeit ist, dass Wüstenweisheiten für den heutigen Menschen nicht leicht zu lesen sind. Sie sind in einer völlig anderen Sprache verfasst, stammen aus einer anderen Zeit und einer anderen Kultur, dennoch haben sie eine universelle Gültigkeit, die jeden Rahmen übersteigt.

Ich ließ mich auf dem Gebiet des sogenannten »Neurolinguistischen Programmierens« (NLP) weiterbilden. NLP faszinierte mich wegen der Vielzahl an Kommunikationsmöglichkeiten. Ich glaubte, dass ich nach zwölf Jahren Schweigen nicht mehr normal sprechen oder mich zumindest nicht adäquat ausdrücken konnte. Aber NLP erwies sich als geeignetes Modell für die Deutung der subjektiven Erfahrung. Es bietet eine moderne Sprache für das Suchen und Finden eines transpersonalen Fokus. Vieles erinnerte mich an meine Ausbildung im Kloster. Mit einem Mal hatte ich eine Sprache gefunden, um meinen Weg und meine Erfahrungen zu erklären.

Durch NLP habe ich gelernt, zu konkretisieren, Abstraktes zu erfassen und buchstäblich auf den Boden zu bringen. Das Übertragen meiner Erfahrung in die Materie hat mir sehr dabei geholfen, in meinem Alltagsleben frei, autonom und authentisch zu werden und zugleich ein Leben zu leben, das diese Erfahrung konkret ausdrückt. NLP hat mich gewissermaßen ständig zu Weiterentwicklung, Bewusstwerdung und der Erkenntnis meiner eigenen Überzeugungen gezwungen. Somit ist es ein starkes, modernes Mittel, um zu spiritueller Entfaltung zu gelangen, unabhängig von einer spezifischen religiösen Überzeugung. Es wirft Fragen auf wie: »Wie denke ich?«, »Wie funktionieren meine Emotionen?«, »Wie filtere ich die Wirklichkeit?«, »Wie sieht

mein Weltbild aus, und was sind meine Überzeugungen?«
So habe ich erkannt, dass NLP eine effektive Antwort auf
die Sinnfrage, die viele Menschen sich stellen, bieten kann.
NLP lehrt uns, wie wir Sinn entwickeln, gestalten und in die
Praxis umsetzen können, ohne dass NLP uns dabei Inhalte
vorgeben würde.

In etwa derselben Zeit kam ich in Kontakt mit dem sogenannten Enneagramm. Es handelt sich dabei um eine Art
von »Ego-Landkarte«, aus der sich ablesen lässt, was vorhanden ist und was nicht. Eine einzige große Entdeckungs-
reise, die nie endet. Und auch hier, beim Enneagramm, kam
ich am Ende wieder zu den Wüstenvätern. Diese kannten
die sogenannten sieben Hauptsünden. Das Enneagramm
hat zwei mehr, aber das Grundprinzip ist dasselbe.

Ich lernte zuerst die Persönlichkeitstypologie kennen,
die sehr psychologisch ist. Sie führte mir einiges über mich
selbst vor Augen, und allein das war schon sehr interessant.
Es blieb aber bei der Deutung von Verhalten, Fertigkeiten,
Wahrheiten und Überzeugungen. Eines Tages kam ich in
Berührung mit den Büchern des Amerikaners Almaas, einem Vertreter der transpersonalen Psychologie. Er hat
die sogenannten höheren Enneagramme entwickelt, und
diese bewegen sich in die Richtung eines transpersonalen
Fokus. Plötzlich sah ich im Enneagramm die vollständige
Torte und nicht nur neun einzelne Tortenstücke. Das hat
mich begeistert und vollkommen auf den Geschmack gebracht. Ich betrat erneut bekanntes Gelände, und es hatte
eine ergänzende Funktion. Die höheren Enneagramme

geben Einsicht in das spirituelle Niveau von Identität und Mission. Ich nenne es das transpersonale Enneagramm, ich habe mit diesem Enneagramm ein Training entwickelt. Dies ist meine Leidenschaft: andere Menschen zu ihrer Identität und ihrer Mission, oder kurz zu ihrem inneren Fokus, zu führen. Später konnte ich Strukturen aus dem NLP auf das Enneagramm und umgekehrt anwenden. Diese beiden Modelle führen zusammen zu einer transpersonalen Bewusstseinsebene. Beim Enneagramm, besonders bei dem in der Linie von Almaas, geht es mehr um den Inhalt, NLP schaut mehr auf die Form, ist sehr interaktiv.

Kontemplation muss dafür sorgen, dass sich dieser Prozess auf einer tieferen Ebene integriert. Um auf allen Ebenen, im Mentalen und im Intuitiven, wahre Einsicht zu erlangen, braucht es Stille. Deshalb ist die Kontemplation so wichtig. Sie führt zur großen, inneren Stille, der Stille des Geistes, damit die einzelnen Puzzleteile auf ihre Plätze kommen können.

Ich habe das Gefühl, dass ich mit diesen Modellen auf dem richtigen Weg bin, sie passen gut zu mir, und so kann ich möglicherweise für andere der Fingerzeig sein, der zur ultimativen Wirklichkeit weist.

Stille

Das Wichtigste für Wachstum und Entwicklung ist Disziplin. Sie ist die Voraussetzung, um zum Leben hin zu erwachen, um sich selbst aus einer zerwürfelten Vielfalt zur

Einfachheit des Fokus zu lenken und sehr bewusst für Stille-Momente und Alleinsein zu entscheiden. Anfangs ist das schwierig und unangenehm, aber je öfter man sich dafür entscheidet, desto angenehmer wird es. So wie man seinen Körper trainieren kann, kann man auch seinen Geist trainieren, damit man weniger empfänglich ist für Depressionen und Stress und insgesamt effektiver im Leben steht.

Der Aufenthalt in einem eremitischen Kloster ist gewiss keine Voraussetzung dafür, um zu einer Einheitserfahrung mit der Wirklichkeit zu gelangen. Die Erfahrung steht allen Menschen offen, sie kann in jeder Situation eintreffen, egal ob auf dem Marktplatz, in einem Café oder zu Hause, in der eigenen Küche. Trotzdem sind Momente des Alleinseins und der Stille für jeden Menschen wichtig. Klöster sind allerdings hervorragende Ausbildungsstätten. Sie bieten einen Rahmen aus Struktur, Disziplin, Ruhe und Stille, der es uns erleichtert, zu einer Erfahrung dieser Art zu kommen, und der zugleich dafür sorgt, dass man hinterher das richtige Gepäck besitzt, um die Erfahrung in die Welt hinein zu integrieren.

Für mich war es ein wichtiger Auftrag, auch in der Welt Stille zu finden, oder wenigstens Stille zu schaffen. Dafür habe ich bewusst zwei Kontemplationsmomente in den Tagesablauf eingebaut, einen morgens, einen abends. Daran halte ich mich konsequent, mein Meditationskissen begleitet mich überallhin. Weiter ist die Aufmerksamkeit für die Atmung wesentlich, denn sie bringt mich unmittelbar in Kontakt mit meinem Herzen und damit mit dem Leben.

Das mag so unbedeutend erscheinen, dass man sich nicht damit aufhält, doch dafür ist es zu wichtig. Der Atem ist das Erste, was wir bei der Geburt bekommen, und es ist das Letzte, das wir beim Sterben wieder abgeben. Bei den Gebetsübungen im Kloster ist mir das zum ersten Mal bewusst geworden. Wenn ich im Laufe des Tages vor lauter Geschäftigkeit an mir selbst vorbeirenne und außer Tritt komme, hilft es mir sehr, wenn ich mich wieder kurz auf meine Atmung konzentriere.

Die Teilnehmerinnen und Teilnehmer an den Kontemplationstrainings fragen mich regelmäßig, wie sie das auch zu Hause oder in der Arbeit üben können. Nun, das fängt damit an, dass man beim Autofahren einmal das Radio ausschaltet und beim Kochen den Fernseher. Einfach die Stille erleben. Am Anfang ist das schwierig, denn wir sind an Lärm und Dauerbeschallung gewöhnt. Doch genau darin besteht ein Beginn, denn in der Stille können wir die Stimme unserer Seele hören. Dasselbe gilt für das Alleinsein. Alleinsein ermöglicht es uns, mit allen Aspekten von uns selbst in Kontakt zu treten und vor allem mit unserem Fokus. Ohne ein gewisses Maß an Alleinsein gelingt das nicht.

Bergführerin

Es gibt ein chinesisches Sprichwort, das sagt: »Diejenigen, die wissen, reden nicht, und diejenigen, die reden, wissen nicht.« Dem Vorwurf, nicht zu reden, will ich mich nicht aussetzen, ich möchte mein Wissen gerne teilen. Dieser

Weg ist für alle Menschen da. Wir sind alle dazu bestimmt, zu erwachen und bewusst zu werden. Gleichzeitig ist mir klar, dass nicht jeder Mensch so getrieben ist wie ich. Der eigene Antrieb gibt eine gewisse Geschwindigkeit und Tiefe vor, und das wiederum sorgt dafür, dass ich eine Führerin für andere sein kann. Das ist mein spezieller Weg.

Ich habe jetzt die Funktion einer Bergführerin übernommen, und das ist im Grunde das Wesen aller Trainings und Coachings, so wie ich das selbst auch immer mit meinen eigenen Coaches erlebt habe. Den Weg kann man nicht alleine gehen. Auch als Frau fühle ich mich dazu berufen. Wenn ich auf mein Leben zurückschaue, sehe ich, dass meine wichtigsten spirituellen Lehrer Frauen waren, vielleicht weil sie von Natur aus die Dinge ganzheitlicher betrachten und prozessorientierter sind als Männer. Zuerst war da meine eigene Mutter, dann meine Starets, aber auch heute noch sind es häufig Frauen, die mir den richtigen Weg weisen. Frauen finden schneller den Kontakt zu ihren Gefühlen. Um zu sich selbst zu finden und bei sich bleiben zu können, ist das Fühlen als besondere Form der Wahrnehmung äußerst wichtig. Frauen können ihre Emotionen auch benennen, und das ergibt im Zusammenspiel mit einer entwickelten mentalen Ebene eine gute Balance.

Obwohl ich Dinge und Ereignisse vorhersehen kann und auch telepathische Fähigkeiten besitze, ist das nicht das Ziel des mystischen Wegs. Wahre, authentische Spiritualität ist immer ein Weg der Befreiung, der Mensch findet zu sich selbst. Die Antwort auf alle Fragen liegt in uns, und ein guter Lehrer wird einen anderen Menschen immer zu seiner oder ihrer inneren Meisterschaft führen. Ich betrachte es als meine Aufgabe, Menschen in die Stille zu führen, ihnen ihren spezifischen Fokus bewusst zu machen und sie zu sich selbst finden zu lassen. Ich binde dabei andere Menschen nicht an mich, ich bin und bleibe der Bergführer, nicht mehr und nicht weniger. Aber ich bin durchaus auch ein Katalysator.

Im Kontakt mit anderen Menschen erlebe ich, dass sie in mir einen Anhaltspunkt, eine Spur, eine Richtung sehen. Der Weg hat sich gewissermaßen in meine Seele eingraviert, und die, die an meinen Seminaren teilnehmen, stellen mir Fragen über ihr eigenes Leben. Ich und der Weg sind eins geworden und nicht mehr zu trennen. Bergführer sein ist kein Beruf von neun bis fünf, es ist mein Leben.

Schönheit

Die Schönheit ist ein wichtiger Faktor, sie ist ein Fingerzeig auf die ultimative Wirklichkeit. Das spirituelle Erwachen hat meinem Leben die nötige Vitalität gegeben. Das Leben ist insgesamt geerdeter und intensiver geworden. Es verwundert mich, dass in den traditionellen spirituellen Kreisen der Schönheit so wenig Beachtung geschenkt wird. Für mich besteht nämlich ein klarer Zusammenhang zwischen einer intensivierten Wahrnehmung einerseits und Harmonie und Ordnung andererseits. Durch die Praxis der intensiven Meditation bekommt man normalerweise einen schärferen Blick für Details, Farben und Formen. Bei mir ist das tatsächlich der Fall. Früher beklagte sich meine Mutter häufig darüber, dass ich so schlecht gekleidet sei, so ohne Gefühl für Ästhetik. Heutzutage zählt sie mich zu den besser gekleideten Familienangehörigen. Das hat das Erwachen bei mir ausgelöst. Mit dem inneren Transformationsprozess verändert sich auch das äußere Erscheinungsbild. Früher war mein Körper dick und schlaff, jetzt habe ich einen muskulösen, spannkräftigen Körper, obwohl ich immer noch keinen Sport treibe. Entwickelt man seine Willenskraft und seinen Fokus, bewegt der Körper sich im gleichen Maße mit.

Unser äußeres Erscheinungsbild ist ein Spiegel unserer Seele. Wie ich mich innerlich fühle, kann man von außen ablesen. Kürzlich habe ich festgestellt, dass ich kleine Dinge sehr genießen kann. Früher war ich ein eher unzufriedener Mensch. Nichts war mir gut genug, und es gab nur sehr wenige Dinge, die mir tiefe Freude schenken konnten. Vielleicht war ich auch verwöhnt. Wie auch immer, Tatsache ist jedenfalls, dass ich eine unzufriedene Grundstimmung hatte. Das habe ich völlig abgelegt. Heute kann ich kleine Dinge sehr genießen, und ich habe einen Blick für Details entwickelt. Das ist das wahre Erwachen zur Wirklichkeit und zum Leben, so wie es ist, und das ist sicher das Ergebnis des intensiven Meditationstrainings.

In Frankreich haben mich die Farben der Weinberge im Laufe der Jahreszeiten immer sehr fasziniert, ich liebte den Duft von Rosmarin und Thymian. Aber auch hier genieße ich die Blumen und habe Freude an einem schönen Essen, einem guten Buch, am gemütlichen Zusammensein mit anderen, an schöner Musik, den herrlichen Giebelhäusern in den flämischen Städten oder an einer Tasse Kaffee in einem Straßencafé. In dieser Hinsicht habe ich mich sehr verändert. Ich hatte etwas Rastloses an mir und habe immer außerhalb von mir nach etwas gesucht, vor allem durch Fernreisen und allerlei Unternehmungen.

Immer war da eine Unruhe, jetzt aber bin ich ein zufriedener Mensch. Sicher ist es ein Klischee, doch das Glück finden wir tatsächlich in uns selbst. Das ist das größte Geschenk des Einsiedlerlebens. Ich habe diese harte Schule gebraucht, um das zu entdecken.

Kloster auf Zeit

Mein jetziger Traum ist es, neben dem Beraten und Coachen ein Kloster für junge Menschen zu errichten, in das sie für eine gewisse Zeit eintreten können, damit sie in Stille und Einsamkeit lernen können, ihren inneren Fokus zu finden.

In Italien läuft bereits ein derartiges Experiment, und die Ergebnisse sind hervorragend. Eine Ordensschwester hatte mit einigen drogenabhängigen Jugendlichen damit angefangen. Die Sache läuft sehr gut. Sie arbeiten, beten, meditieren und schweigen den ganzen Tag. Die Jugendlichen ändern sich. Sie kommen mit einem inneren Fokus in Kontakt. Ihr Leben bekommt wieder einen Sinn, und sie haben auch wieder etwas füreinander übrig. Freude, Optimismus und eine positive Atmosphäre kommen wieder in ihr Leben. Sie fangen sogar an, wieder an eine Zukunft zu denken. Fantastisch, das zu sehen. Es ist so aufbauend, das (selbst)zerstörerische Verhalten verschwindet, so wie Schnee an der Sonne schmilzt. Diejenigen, die schon länger da sind, kümmern sich um die Neuankömmlinge. Ich habe diesen Ort besucht und war sehr beeindruckt.

Dieses Projekt eines Klosters auf Zeit lässt mich nicht mehr los. Leute sprechen mich diesbezüglich an, und ich träume davon, so etwas zu initiieren. Es bedeutet eine neue Herausforderung.

Kinderseele

Dinge geschehen nicht aus Zufall, ich habe selbst den Eindruck, dass ich in meinem Leben geführt werde. Anfang 2006 kam ich mit einer Frau in Kontakt, die als Medium für integrale Genesung oder besser gesagt Heilung fungiert. Das heißt, dass ich vor allem auf genetischem, physischem und emotionalem Gebiet geläutert wurde. Ich glaube wirklich daran, dass das bei mir geschehen ist. Kurz darauf habe ich während des Trainings »Führung und spirituelle Entwicklung« meine Kinderseele erleben können. Es war das Erinnern meiner Seele während der ersten Lebensjahre, als noch die Empfänglichkeit und die Verbindung mit allem intakt war. Ich hatte auf einmal das Bewusstsein, das ich als kleines Kind mit der dazugehörigen Verwunderung und Offenheit hatte. Wahrscheinlich war ich zu diesem Zeitpunkt reif dafür, und das Training hat das letzte Hindernis aus dem Weg geräumt. Mein Herz öffnete sich. Eine wunderbare und berührende Erfahrung nach all den Jahren der Arbeit an mir selbst, des Suchens und Findens und des Seins. Ich habe dadurch verstanden, dass so lange die Struktur unserer Kinderseele nicht in unser Bewusstsein integriert ist, keine Rede von wirklicher Transformation sein kann. Damit wurden mir die Worte von Jesus deutlich, wo er sagt: »Lasset die Kindlein zu mir kommen und wehret ihnen nicht, denn solcher ist das Reich Gottes« (Mt 19,14). Er wiederholt das noch an anderen Stellen im Evangelium: »Es sei denn, dass ihr umkehret und werdet wie die Kinder, so werdet ihr nicht ins Himmelreich kommen« (Mt. 18,3). Das zeigt auch erneut auf, dass der Weg kein Ende kennt. Es ist ein langer Weg des Trainings, des Sichdurchsetzens und der Integrität. Mein Verhalten nähert sich immer mehr dem an, was ich im Inneren erlebe.

Auf ein Neues?

Manchmal werde ich gefragt, ob ich, wenn ich noch einmal in dem entsprechenden Alter wäre, mich wieder für das Klosterleben entscheiden würde. Ich lebe im Hier und Jetzt, und ich habe meine Entscheidung nie bereut. Ich weiß natürlich, dass ich mir durch diese Entscheidung andere Türen verschlossen habe, aber das ist bei jeder Entscheidung so. Es gibt einen Spruch, der sagt: »Wählen ist Verlieren«. Man kann eben nicht alles haben. Das wird mir bewusst, wenn ich bei meinem Bruder zu Besuch bin oder

Freundinnen treffe. Sie wohnen wunderschön, manche haben mehrere Häuser oder Wohnungen, ein großes Auto, tolle Reisen. Tja, und dann sehe ich mein kleines Auto und das – übrigens sehr hübsche – Appartement, und dann denke ich mir, dass das die Konsequenzen meiner damaligen Entscheidung sind. Aber ich möchte nicht tauschen, für nichts auf der Welt. Ich bin frei und unabhängig, und – das ist das Wichtigste – ich habe einen deutlichen Fokus, was vielen Menschen fehlt. Ich führe ein herrliches Leben, in dem es viel Raum und Möglichkeiten für Entwicklung und Entfaltung gibt. Und ich habe diesen Weg ja nicht gewählt, der Weg hat mich gewählt. Es lief wie im Drehbuch meines Lebens vorgesehen. Für so etwas entscheidet man sich nicht, es steht einfach fest, und es steht mir frei, darauf einzugehen.

Die Vergangenheit ist definitiv vergangen. Es war eine einzigartige Phase, die mich zu dem Menschen gemacht hat, der ich heute bin, und darauf bin ich stolz. Außerdem hat diese Phase zu einem tiefen Christusbewusstsein bei mir geführt, das so stark ist, dass ich mit den Worten von Paulus sagen kann: »Nicht mehr ich lebe, sondern Christus lebt in mir« (Gal 2,20).

II. DIE GROSSE STILLE

Liebe das Schweigen über alles:
Es bringt dir eine Frucht,
die keine Zunge beschreiben kann.
Anfangs müssen wir uns zum
Stillschweigen zwingen.
Dann aber wird etwas geboren, das uns
zum Stillschweigen hinzieht.

(Isaak von Ninive, syrischer Mystiker, 7. Jh.)

1. Die Bedeutung der Stille

Rückkehr nach Hause

Der Mensch kann ohne Sauerstoff, Wasser und Schlaf nicht lange überleben. Als Nächstes benötigt er Nahrung. Und direkt danach kommt das Alleinsein.

Thomas Szasz (ungarischer Psychiater)

Medien und Wirtschaft drängen uns ständig neue Begehrlichkeiten und Hypes auf. Damit lässt sich viel Geld verdienen. Das Tempo, in dem wir die neuen Hypes konsumieren, steigt kontinuierlich an, und so wächst auch der Druck, dem wir ausgesetzt sind. Denn für den Konsum benötigen wir Geld, und im Handumdrehen stecken wir in einem Teufelskreis aus Geldverdienen und Geldausgeben. Dieser Prozess läuft immer schneller und in immer größerem Ausmaß ab.

Die Folgen dieses Verhaltens können wir weltweit beobachten. Die Umwelt verschmutzt, die Aggressivität nimmt zu, und das bloße Überleben wird zum zentralen Thema. Es gibt immer mehr Ungleichheit und größere Differenzen, während zugleich die gesellschaftliche Mitte schwindet. Man ist entweder reich, oder man ist arm. Das lässt sich überall auf der Welt beobachten, aber eine Trendwende ist noch nicht in Sicht. Wie können wir diesen Teufelskreis durchbrechen, Lösungen finden und wieder zu den Dingen zurückkehren, um die es im Leben wirklich geht? Durch Ruhe und Besinnung. Die Welt und ihre Bewohner brauchen Stille.

Aus einer Untersuchung an der Universität Tilburg (Niederlande) geht hervor, dass es für die Innovationen in Unternehmen förderlich ist, wenn dort weniger geredet wird. So bringt eine Arbeitsgruppe mehr neue Ideen hervor, wenn während der Diskussionen ein Moment der Stille eingebaut wird.

Stille und Meditation gehören zusammen. Meditation heißt, bewusst in die Stille zu gehen. Bei einer Studie, die der amerikanische Physiologe R. K. Wallace in England durchführte, stellte sich heraus, dass ein Mensch, der ein Jahr lang regelmäßig meditiert, den Alterungsprozess, grob gerechnet, um ein Jahr hinauszögern kann. Aus einer Untersuchung in den USA ging hervor, dass in Städten, in denen mehrere Meditationsgruppen regelmäßig zusammenkommen, die Kriminalität beträchtlich niedriger ist als in Städten, in denen dies nicht der Fall ist. Stille verändert, sowohl auf der Mikroebene (dem Individuum) als auch auf der Makroebene (der Welt).

Stille und Meditation sind untrennbar mit den Mystikern verbunden. Ein Mystiker ist ein Mensch, der die ultimative Wirklichkeit erlebt, so wie ein Künstler die Wirklichkeit hinter der Wirklichkeit wahrnimmt. Das heißt, dass durch die Stille die Schleier seines (oder ihres) Weltbildes und seiner (ihrer) Überzeugungen weggefallen sind und er (sie) die Wirklichkeit so wahrnehmen kann, wie sie ist, ohne ihr sogleich eine Interpretation überzustülpen. Der Mystiker wäre kein Mystiker, würde er nicht darüber sprechen.

Was nun hat mich persönlich so sehr an der Stille fasziniert, weshalb wurde sie lebensnotwendig für mich, warum ist sie es immer noch?

Ich bin 1960 geboren. Schon in der Schule kam ich regelmäßig mit Musik in Berührung, und als Spätpubertierende ging ich gern in die Diskothek. Während meiner Studentenzeit war ich immer und überall von Musik umgeben: im Studentenheim, in dem ich wohnte, in der Diskothek unter dem Klubhaus, im Auto. Ein Leben ohne Musik und ohne Menschen erschien mir undenkbar, Stille kannte ich eigentlich nicht.

Da ich nicht einmal ausreichend Ruhe und Stille zum Lernen für das Studium fand, ging ich in ein Kloster. Dort kam ich dann zum ersten Mal in Kontakt mit absoluter Stille. Ich war ganz allein im Gästehaus. Es wurde nicht oder kaum gesprochen. Es gab keine Musik. Es war völlig still. Diese Woche bedeutete eine komplette Umkehr in meinem Leben: Ich verliebte mich in die Stille, sie hat mich verführt.

Was genau geschieht in der Stille? Das ist an sich sehr einfach und auch wieder schwer zu begreifen. Ich kam in Kontakt mit mir selbst. Ich konnte eine Verbindung zu Anteilen in mir selbst herstellen, die ich als ewig und zeitlos betrachte, Teile meiner Person, die nicht nur an dieses Leben gebunden sind. Zu jenem Teil in mir selbst, der ich zutiefst bin: meine Seele. Neben der Welt der Äußerlichkeiten öffnete sich mir (von innen heraus) buchstäblich eine neue Welt. Ich fing an, zu hören, zu sehen und zu fühlen, kurz: auf andere Art wahrzunehmen. Denken Sie an einen

Teich, in den fortwährend Steine geworfen werden. In einem solchen Teich ist es unruhig, und das Wasser ist trüb.

In der Stille verschwinden Bewegung, Unruhe und Trübung. Das Wasser kommt zum Stillstand, es wird kristallklar, und wir können bis auf den Grund schauen.

Ich konnte bis auf den Grund meiner Seele schauen. Diese Erfahrung war so wunderbar, dass ich auf die Suche nach einer Lebensform ging, bei der ich das häufiger und intensiver erleben konnte. Das war gar nicht leicht, denn Formen, die in jeder Hinsicht die Stille bieten, sind äußerst selten. Letztlich trat ich einem Kloster, das der Kartäusertradition angehört, bei.

Dort blieb ich zwölf Jahre, und während dieser Zeit durchdrang die Stille mein gesamtes Wesen. Ich wurde selbst Stille. Schließlich verließ ich den stillen Rahmen, um – in der Hektik des Alltagslebens – über die Stille zu sprechen. Das wurde zu meiner Herausforderung, und mit meiner Erfahrung im Gepäck will ich darüber schreiben.

Stille ist untrennbar mit Selbsterkenntnis verbunden. Über dem Tempel von Delphi stand: »Erkenne dich selbst.« Evagrius Ponticus, Wüstenvater im ersten Jahrhundert nach Christus, lehrt uns: »Willst du Gott begegnen, so lerne vorher dich selbst kennen.« Und in einem indischen Gedicht heißt es: »Wer Menschenkenntnis besitzt, ist gut, wer Selbsterkenntnis besitzt, ist erleuchtet.«

≈

Stille,
Ich hab dich lieb.
Tor zu
Meinem Herzen,
Quelle
Meiner Freude.
Deine Einsamkeit
Bezaubert mich.
Es gibt keine Langeweile
Mehr,
Weder Angst
Noch Willkür,
Nur Sein.

≈

≈

In der Stille
Deines Herzens
Liegen
Alle Antworten.
Du musst
Nur hinhören.

≈

≈

In der Stille
Des Abends
Liegt ein
Intensives Gefühl.
Die Stille
Ist schwanger
Von
Prallem Leben.

≈

Zur Erlangung von Selbsterkenntnis ist es notwendig, dass wir lernen still zu sein, buchstäblich den Mund zu halten, vor allem auch innerlich. Innere Stille bedeutet, zu lernen, innerlich leer zu sein, jeden inneren Dialog zu stoppen, die bekannten Bilder loszulassen. Dadurch bekommen wir Verbindung mit Teilen in uns selbst, die uns neue Informationen geben. Diese Informationen stammen aus unserem Unterbewusstsein. Innere Stille hilft, Verbindung mit unserer Intuition aufzunehmen, ohne das Hintergrundrauschen von Emotionen und Gedanken.

Stille ermöglicht uns den Zugang zu einem Wissen, das wir nicht durch Studium oder Kontakt mit anderen erlangen können. Stille erlaubt es uns, uns zu erinnern. Die innere Stille führt uns zur Weisheit, indem sie Raum für dieses Erinnern schafft.

Solange wir fortfahren mit unserem Denken, Reden und Tun, engen wir den stillen, unbegrenzten Raum in uns ein. Stille ist buchstäblich ein »Platzmachen für«. Sämtliche Felsblöcke werden zugunsten des göttlichen Raums in uns aus dem Weg geräumt. Geräusche umhüllen uns wie ein Nebel und wiegen uns in den Schlaf.

Das habe ich vor Kurzem noch einmal sehr deutlich erlebt. Eine Zeit lang war ich viel unterwegs, ich hielt Lesungen, lernte faszinierende Menschen kennen. Eine wunderbare Zeit, in gewisser Weise auch herausfordernd und aufregend. Plötzlich überkamen mich trübsinnige Gedanken, und ich fühlte mich in meinem Hotelzimmer traurig und verlassen. Als ich im Auto zurück nach Hause fuhr, dachte ich in aller Ruhe darüber nach, und ich beschloss, nach meiner Rückkehr zwei Tage zu Hause zu bleiben, still zu sein, zu schweigen und nur für wirklich notwendige Besorgungen das Haus zu verlassen. Wie während meiner Klosterzeit. Die Wüstenväter, die im ersten Jahrhundert nach Christus den Mittleren Osten bewohnten, wussten bereits: Cella est coelum (Die Zelle ist der Himmel). »Ein Bruder kam in die Sketis zum Altvater Moses und begehrte von ihm ein Wort. Der Greis sagte zu ihm: ›Geh in deine Zelle und setze dich nieder. Die Zelle wird dich alles lehren.‹«

Nach dem ersten Tag fühlte ich mich bereits wie ein anderer Mensch. Verschwunden waren die trübsinnigen Gedanken, und stattdessen fühlte ich mich angekommen. Ich war wieder zu Hause bei mir selbst. Das war für mich eine sehr bemerkenswerte Erfahrung, obwohl ich das schon so oft erlebt hatte. Es ist die Stille, die mich zu meinem tiefsten Selbst zurückbringt und damit den Kontakt zu meiner Vitalität wiederherstellt.

Am zweiten Tag fühlte ich mich buchstäblich wie im Himmel in meinem eigenen Haus. Der innere Raum in mir ist mein Zuhause, dort finde ich dieses tiefe Glücksgefühl, und das Alleinsein hilft mir dabei. Das Nichtstun und vor allem das Schweigen führen uns zu dieser Erfahrung, viel mehr als Worte.

Meine Schlussfolgerung nach dieser und zahlreichen ähnlichen Erfahrungen in der Vergangenheit ist die, dass man Einsamkeit nicht dadurch aufhebt, indem man andere Menschen um sich herum versammelt, sondern indem man zu sich selbst nach Hause kommt. Wenn wir uns verlassen fühlen, sind wir nicht bei uns selbst zu Hause. Dann leben wir im Haus anderer Menschen. Die Kunst besteht dann darin, so schnell wie möglich nach Hause zurückzufinden. Dies ist eine Übung, die unser ganzes Leben lang anhält, doch je mehr wir uns darin schulen, desto einfacher und schneller gelingt es.

Auffallend dabei ist der Ort des Schweigens. Während der beiden zuvor erwähnten Tage vermied ich es bewusst zu telefonieren. Mir erschien es so, als würde ich mich von mir selbst entfernen, wenn ich wieder anfinge zu sprechen. Und nach diesen zwei Tagen des Stillseins sprach ich anders. Ich fand zu einer Art des Sprechens, bei der ich mich nicht selbst verlor, ganz im Gegensatz zu dem Gerede, das mich immer mehr von mir selbst wegführte.

Zuweilen wird die Meinung vertreten, Stille sei nicht so sehr die Abwesenheit von Geräuschen, sondern eine Art des Seins. Das ist richtig, doch zugleich hilft ein gewisses Maß an Stille in der Umgebung sehr wohl, um in uns selbst zur Stille zu kommen. Damit meine ich in erster Linie das Schweigen. Nicht ohne Grund heißt es im Evangelium: »Was zum *Mund hineingeht*, das macht den Menschen nicht unrein; sondern was aus dem *Mund* herauskommt, das macht den Menschen unrein.«

Es handelt sich hierbei nicht um ein moralisches Urteil, es hebt aber die Bedeutung, die dem Schweigen zukommt, hervor.

Einsamkeit trennt von allem anderen ab und führt hin zur eigenen Leere. Es besteht keine oberflächliche Tröstung oder Ablenkung mehr. So kann die innere Leere zu einem stillen, unendlichen Raum wachsen. Der einsame, innere Raum, den wir bewohnen, sagt etwas über uns selbst und unsere Beziehung zu anderen Menschen und Dingen aus. Einsamkeit kreiert eine neue Beziehung zur Welt. Wir bewohnen die Welt auf eine andere Weise.

Ich möchte versuchen, dies ein wenig konkreter zu fassen. Wenn ich nach einer hektischen Phase wieder in eine etwas einsamere Phase komme, fühlt sich das anfangs spröde und zäh an. Zunächst habe ich noch die Neigung, zu telefonieren oder endlos vor dem Computer zu sitzen. Es ist dann noch ein zwingender Bedarf nach Kontakt vorhanden. Erst wenn ich nicht mehr auf diese Reize anspreche, kann ich eine tiefe Hingabe, ein sehr tiefes Gefühl von Glück und Ruhe empfinden. Das Verrückte daran ist, dass ich dann auch andere Menschen auf eine völlig andere Art wahrnehme. Meine Erwartungen sind verschwunden. Alles, was kommt, ist gut, genauso wie alles, das nicht ist, gut ist.

Es ist Leben auf schmalerer Basis: Viele normale Möglichkeiten sind verschlossen. Damit öffnen sich allerdings andere Möglichkeiten. Wenn ich sicherstelle, dass diese Einsamkeit eine echte Einsamkeit bleibt und alle anderen Auswege verschlossen sind, gelange ich buchstäblich ins Innere meiner Seele.

Die Einsamkeit ist keine abgesperrte Zone, die mich vom Rest der Welt trennt. Sie ist der Zugangsbereich zu den tieferen Schichten in mir (dort, wo mein Zuhause ist), und diese ermöglichen mir einen essenziellen Kontakt zu allem anderen. Damit stehe ich viel offener in der Welt, ich bewege mich weniger auf der Grundlage »meines« Weltbilds und meiner Erwartungen. Ich bin leer und empfänglich für neue und andere Bilder ohne die Nebengeräusche meiner Interpretation. Das ermöglicht es, (dem) anderen wirklich zu begegnen.

Manche Menschen werden sich fragen: Was hat denn das Stillwerden für einen Sinn? Und in der Tat, wenn man ein schönes Haus, einen wunderbaren Partner, fantastische Kinder, einen tollen Job, ein gut gefülltes Bankkonto und eine gute Gesundheit hat, erscheint es einem nicht erstrebenswert, das zu wissen. Was soll es uns dann schon bringen? Aber auf jeden von uns warten auch andere Momente, wenn beispielsweise ein Elternteil stirbt, ein Kind in der Schule nicht zurechtkommt und/oder gemobbt wird, wenn der Job zur Routine geworden ist, man aber zu alt ist, etwas Neues anzufangen, wenn der eigene Partner sich in eine andere Richtung entwickelt, als man erwartet hatte. In solchen Momenten sind die vorher aufgelisteten Punkte nicht mehr so interessant und hilfreich. Denn was nützt es uns, wenn wir uns nicht wohlfühlen und unser Leben inhaltsleer geworden ist?

In der Stille können wir erkennen, was sich wirklich hinter diesen Ereignissen verbirgt. Wie können wir so mit ihnen umgehen, dass sie uns nicht das Genick brechen? Wie können wir solche Ereignisse und Umstände zu Chancen umwandeln, tiefer auf unser eigenes Leben einzugehen? Es werden sich verschiedene Möglichkeiten anbieten, die unserem Leben Bedeutung geben.

Sicher ist nur, dass alles ungewiss ist. Wenn wir das erkennen und annehmen, wird uns viel emotionaler Schmerz erspart bleiben. Unser tiefstes Wesen, der stille Raum in uns ist eine fundamentale Sicherheit. Dafür müssen wir nicht kämpfen, wir können den Raum nicht verlieren, er ist immer da. Genau auf dieser Ebene liegt das Glück. Es ist das Rezept für Freude und Zufriedenheit, Sicherheit und Frieden. Auf dieser Ebene bestimmen wir den Lauf unseres Lebens selbst, statt von den Medien und der Wirtschaft hierhin und dorthin gezogen und gezerrt zu werden. Das ist der Ort, an dem man inspiriert ist, an dem man kreativ ist und dem Leben eine Bedeutung gibt, statt Opfer der Situation zu sein. Man entdeckt ein Potenzial an Möglichkeiten in sich selbst und bekommt das Leben, das zu einem passt. So genießt man dann buchstäblich kosmischen Rückenwind.

Innere Umkehr

Alles Unheil kommt von einer einzigen Ursache, dass die Menschen nicht in Ruhe alleine in ihrer Kammer sitzen können.

Blaise Pascal (1623–1662)

Man kann erst an den höheren Stockwerken seines Hauses arbeiten, nachdem man ein stabiles Fundament gebaut hat. Unser Ego (das durch das Bewusstsein gesteuerte »Ich«, die

Art und Weise, wie wir uns in der Welt bewegen und manifestieren) ist also durchaus wichtig.

Manchen Künstlern und Mystikern ergeht es so, dass sie keine Möglichkeiten finden, ihrem inneren Wissen eine Form zu verleihen oder es in die Welt hineinzubringen. Für die richtigen Entscheidungen benötigt man seine Intuition. Um Zugriff auf unsere Intuition zu bekommen, sie deuten und ihr eine Form geben zu können, brauchen wir ein gut entwickeltes Ego. In spirituellen Kreisen spricht man auch davon, dass man ein gut entwickeltes Ego braucht, um es loslassen zu können. Sonst gibt es eine Bruchlandung, wie bei einem Flugzeug, das zwar schöne Flügel, aber ein untaugliches Landungsgestell hat.

Durch die Stille lernen wir uns selbst kennen, von den oberflächlicheren Schichten der Gedanken und Emotionen hin zu den tieferen Schichten unserer Intuition. Die Intuition ist unsere einzige Sicherheit. Warum suchen wir unsere Sicherheiten dann außerhalb? Das hat mit Angst zu tun, Angst macht uns von unserer Umgebung abhängig.

Der spirituelle Weg erfordert es, dass man mit dem Leben mitwachsen muss, und das weckt Ängste. In der Mystik spricht man auch von der »dunklen Nacht der Seele«, wenn man das »bewusst durch die Angst Hindurchgehen« meint. Das erfordert Mut. Was sind das für Ängste, die wir haben? Es sind unsere Selbstzweifel, also Fragen wie: Ist das, was ich fühle, richtig?; oder, viel tiefer: Bin ich gut genug? Es geht darum, neu geboren zu werden, und so etwas macht man immer allein. Dasselbe gilt für unsere spirituelle Geburt. Die Angst scheucht uns anfangs immer wieder zurück.

Beim großen Übertritt handelt es sich um den Übergang von der Abhängigkeit von der eigenen Umgebung hin zur eigenen Intuition. Diesen Schritt muss jeder alleine machen. Niemand kann einem dabei helfen. Intuition setzt Hingabe und Vertrauen zu sich selbst voraus. Das jagt uns Angst ein, weil all unsere Bezugssysteme außerhalb von uns selbst liegen. Wir fragen lieber andere, ob wir richtig liegen, als dass wir bei uns selbst Rat holen. Andere müssen uns oft erst bestätigen.

Wie schaffen wir den Übergang von außen nach innen?

Indem wir lernen, still zu sein. Durch Meditation, Selbsterkenntnis und ein gewisses Maß an Alleinsein lernt man, auf der Basis seiner Intuition zu funktionieren und auf diese Intuition zu vertrauen. Man lernt, seine Ängste als Widerspiegelung der eigenen inneren Konflikte zu begreifen. Man lernt, sich von Identifikationen mit den eigenen Emotionen und der Gedankenwelt zu befreien. Wir sind nicht unsere Emotionen. Dann fangen wir langsam an, immer mehr als die zu leben und zu funktionieren, die wir im Grunde genommen sind. Die Stille erkennt die Emotion »Angst«, durchbricht die Identifikation mit ihr und ermöglicht uns so den Zugang zu unserer inneren Weisheit.

Stress bedeutet Entfremdung, Abgeschnittensein von sich selbst und seinem Gespür. Das ist auf die Dauer ein beklemmendes Gefühl. Stille hat hier eine heilende Wirkung. In unserer von Aktivitäten geprägten Kultur wird Stille allerdings oft als etwas Langweiliges betrachtet, aber stimmt das tatsächlich? Die Stille bringt, indem sie unsere Kreativität anzapft, auch eine gewisse Unvorhersagbarkeit mit sich. Da sich das eigene Bezugssystem von außen nach innen verschoben hat, geht man nun nicht mehr mit der Masse mit. Das ist alles andere als langweilig. Man entdeckt, was einem wichtig ist und was nicht; was man mit seinem Leben wirklich anfangen will; ob man sich von anderen führen lässt oder lieber von sich selbst.

Die Stille des Geistes strukturiert außerdem das Denken, was zur Folge hat, dass man wesentlich effektiver wird und Zeit gewinnt. Das Leeren des Geistes bedeutet nämlich nicht, dass wir das Denken ausschalten. Während der Kontemplationsübungen machen wir unseren Geist leer, aber gerade dadurch denken wir dann geordneter. Die Gedanken fliegen nicht mehr von links nach rechts und wild durcheinander. Durch die Stille lernen wir das Denken neu.

≈

Einsamkeit
Ohne
Zwiespalt
All-ein
Das ist
Das
Große
Glück.

≈

≈

Alle Unebenheiten
Werden geglättet
Zu einem
Faltenlosen
Unendlichen
Feld
In
Mir.

≈

≈

Der Morgen
Frisch
Luftig
Und hell
Der Raum
In mir
Unbeschrieben
Wie ein
Neugeborenes Kind.
Dahin die
Schwere des Geistes
Weder Gedanken
Noch Emotionen
Still.

≈

Das Eintreten in die Stille geht bei den meisten Menschen mit Veränderungen, mit der sogenannten Metanoia einher. Metanoia steht für eine radikale Umkehr, für eine tiefgreifende Wandlung, die in einem Menschen stattfindet. Wer seine Gedanken und Emotionen – oder anders gesagt: sein Weltbild – loslässt, verändert sich. Die Brille, durch die der betreffende Mensch bisher geschaut und die seinen Blick eingeengt hat, wird abgelegt. In der Stille werden wir uns bewusst, woran wir festhalten, und so können wir uns langsam davon befreien.

Wir kommen nicht ohne Weiteres zur Metanoia. Wir müssen davor die Orthonoia (das Bezugssystem des Ego) verlassen. Durch die Verwirrung und das Chaos, das die Veränderung mit sich bringt (Paranoia) und die vertrauten Bezugssysteme zerstört, kommen wir zur Metanoia, zur tiefen Umkehr von innen heraus.

Dieses Loslassen des eigenen Weltbildes bedeutet nicht, dass man in Naivität verfällt. Im Gegenteil, aufgrund des Wissens im Inneren wird die Wahrnehmung viel schärfer. Beurteilungen werden allerdings unterlassen. An ihre Stelle tritt die Feststellung dessen, was wir wahrnehmen. Wir lassen uns nichts mehr einreden, was nicht auf Resonanz in unserer Intuition stößt. Unsere Intuition schützt uns vor einer ungesunden Einmischung in das Leben anderer. Ich übernehme die Verantwortung für mein Leben und bin damit ein Vorbild. Ein Urteil über andere lasse ich. Stille heißt somit auch, dass man damit aufhört, die eigenen Interpretationen ins Spiel zu bringen.

Still werden erfordert Training. Die Stille ist dann da, wenn wir uns dafür hinsetzen.

Zum Verzweifeln schwierig und gleichzeitig unvorstellbar einfach. Auf unserem Weg zu innerer Stille brauchen wir einige Hilfsmittel.

2. Wie wird man still?

Innere Sehnsucht

Du brauchst dein Zimmer nicht zu verlassen, bleib einfach an deinem Tisch sitzen und horche. Du brauchst nicht einmal zu horchen, warte einfach. Du brauchst nicht einmal zu warten, werde einfach still, und die Welt wird sich offenbaren, um demaskiert zu werden; sie hat keine andere Wahl. Sie wird sich in Ekstase vor deinen Füßen wälzen.

Franz Kafka (1883–1924)

Leicht gesagt, aber wie setzt man das in die Realität um? Man wird nicht einfach so still, das erfordert viel Training, ein Training im Nichttun. Ein Kartäusermönch aus dem zwölften Jahrhundert hat darüber gesagt: Für nichts muss ein Mönch sich mehr abmühen als für das Nichtarbeiten (Nihil laboriosus est quam non laborare).

Jeder Mensch kann den Weg der inneren Einkehr und der Kontemplation gehen. Wichtig ist aber, dass er eine innere Sehnsucht danach verspürt, die sich oft dadurch ausdrückt, dass der Mensch von einem unbestimmten Heimweh erfüllt ist. Diese Sehnsucht ist die Voraussetzung dafür, in die Stille gehen zu wollen.

Manchmal kehren wir aus reiner Verzweiflung nach einer Krise oder einer Lebensphase, in der wir uns weit von uns selbst entfernt haben, zur Stille zurück. Ein Mensch muss manchmal wirklich erst in seinem Elend versinken, um wie Phoenix aus der Asche auferstehen zu können. Ähnlich dem Volke Israel, das sich wieder an die Fleischtöpfe Ägyptens ausgeliefert hatte und dann zurückkehrte wie ein von Heimweh nach seinem heimatlichen Boden verzehrtes Wesen. Aber wir müssen es nicht so weit kommen lassen. Es ist wichtig, das Feuer der Sehnsucht aufrechtzuerhalten. Wie man das macht? Indem man darüber liest und darüber spricht.

Lustlosigkeit tötet die Sehnsucht. Acedia, der Dämon der elften Stunde, der Langeweile und Lustlosigkeit mit sich bringt, manifestiert sich, wenn die Sehnsucht verloren gegangen, das innere Feuer erloschen ist. Wie halten wir diese Depression von uns fern? Indem wir wachsam in Bezug auf die Sehnsucht bleiben. Wenn man spürt, dass die Flamme der Sehnsucht erlischt, sollte man ein Buch lesen, das einem geistige Nahrung bietet, eventuell Tagebuch schreiben, und man sollte weiterhin meditieren. Es empfiehlt sich, ab und zu alleine mit sich selbst zu sein und in die Stille hineinzugehen. Außerdem sollten wir uns dann mit Seelenverwandten umgeben, die uns inspirieren und uns auf unserem Weg ermutigen.

≈

Passendale
(Soldatenfriedhof in der belgischen Provinz Westflandern)

Hohe Bäume
Schwüle Luft
Langer Abend
Weitblicke
Wind
Endlose Reihen
Stille
Natur
Verstummt
Es ist still.

≈

Die elfte Stunde kann sich auch bemerkbar machen, wenn man in einem gewissen Alter ist und seine materiellen Ziele weitgehend verwirklicht hat. Es stellt sich Routine ein, die das Leben unattraktiv erscheinen lässt. Überhaupt erscheint einem alles bedeutungslos, und man versteht selbst nicht, was man überhaupt möchte. Das Leben scheint hauptsächlich aus »Müssen« zu bestehen. Die Acedia fordert uns auf diese Weise auf, den Weg nach innen zu gehen und eine neue Orientierung zu finden. Was habe ich noch vor mit meinem Leben? Was bedeutet es mir?

Jeder Mensch braucht andere Mittel und Wege, um wachsam zu bleiben. Der innere Beobachter hilft uns dabei, zu erkennen, was wir genau benötigen, um die Sehnsucht lebendig zu halten. Was nährt das innere Feuer?

Bei mir ist es die Beschäftigung mit guter Lektüre über die Stille, über Meditation und den inneren Weg. So habe ich vor Kurzem wieder angefangen, die Texte des Evangeliums zu lesen. Besonders inspirierend finde ich das Thomas-Evangelium. Wenn ich darin lese, wird meine Sehnsucht belebt. Auch Regelmäßigkeit in der Lebensführung und Alleinsein mit einem gewissen Maß an Stille nähren meine Sehnsucht.

Mir ist zudem bewusst, wodurch meine innere Sehnsucht abgewürgt wird. Zum einen ist es viel Reden, vor allem das Reden über andere und über Dinge, die mich nicht wirklich interessieren. Zum anderen gehört hektisches Agieren dazu, zu lang und zu viel Arbeiten, zu viel laute Musik und zu langes Sitzen vor dem Computer.

≈

Suchen
Suchen
Bis:
Es ist schon
da.
Was
Suche ich
Eigentlich?

≈

Es ist wichtig, sein persönliches Gleichgewicht zu finden. Ich spüre inzwischen sofort, wenn mein inneres Sehnen nicht mehr da ist, und dieses Gefühl ist mir so unangenehm, dass ich schnell eingreife. Allerdings kann man die Sehnsucht nicht erzwingen. Es kann auch längere Zeit dauern, bis sie wieder zurückkommt. Es wird wie bei Ebbe und Flut immer diese Bewegung geben, und das müssen wir akzeptieren.

Sehnsucht hat auch etwas mit unserer Vorstellungskraft zu tun, durch die positive Emotionen entstehen können. Wenn man beispielsweise ans Meer denkt und dann tatsächlich ans Meer fährt, erlebt man es sehr intensiv. Mit der Vorstellungskraft kann man ein Ziel konkretisieren, das das Ego übersteigt. Wo wollen wir hin? Was hat unser Leben für einen Sinn? Wenn wir darüber Klarheit haben, entsteht eine positive Emotion. Die Intensität der Emotion erleichtert die nächsten Schritte. Denn wenn der Weg eng mit den entsprechenden Emotionen in uns »besetzt« ist, wird es spürbar einfacher, die Sehnsucht konkret werden zu lassen. Wenn sich jemand intensiv nach Stille sehnt, wird er die Stille auch sehr intensiv erleben.

Kontemplation

Das Wissen um die Heilung aller Krankheiten im Leben
ist in der inneren Tiefe des Lebens selbst gespeichert.
Wir können dorthin gelangen, wenn wir alleine sind.
Das Alleinsein ist eine eigene Welt, voller Wunder
und unbekannter Reichtümer, absurd nah
und doch so unerreichbar weit weg ...

nach Tagore (1861–1941)

Um wirklich zu innerer Stille zu gelangen, brauchen wir eine Meditationspraxis. Es sollte eine tägliche Praxis sein, bei der zu vorher festgelegten Zeiten in der Meditation verweilt wird. Ich werde oft gefragt, was denn der Unterschied sei zwischen Meditation und Kontemplation. Meditation kann verschiedene Formen annehmen. In der christlichen Tradition, aus der ich komme, war die Form das Visualisieren und Sichvorstellen bestimmter Themen. In der Kontemplation liegt die Betonung mehr auf der Stille und der Leere des Geistes. Um zu dieser Stille zu kommen, konzentriere ich mich auf ein Bild, das ich vor mir sehe, und verbinde die Konzentration mit der Atmung. Konzentration auf ein Bild scheint sich mit innerer Leere zu widersprechen, aber es ist gerade die Konzentration, die uns zu innerer Stille führt.

Die Konzentration bündelt den zersplitterten Geist, und das ist am Anfang erforderlich. Um sich zu konzentrieren, kann man auch ein Mantra verwenden, oder nur die Atmung.

Der Benediktinermönch Steindl-Rast gibt eine schöne Erklärung der Kontemplation: Wenn wir verstehen wollen, was Kontemplation ist, müssen wir uns die ursprüngliche Bedeutung dieses Begriffs genau ansehen. Geh an einem Abend hinaus und richte deinen Blick auf das mit Sternen übersäte Firmament, und du wirst erleben, was Kontemplation war, lange bevor der Name dafür existierte. Seit Menschengedenken wurde der Sternenhimmel beobachtet, und es wurde versucht, ein Bild von der kosmischen Ordnung zu gewinnen. Das Wort Kontemplation entstammt den lateinischen Wörtern com (mit) und templum (der vom Augur (Priester) durch seinen Stab markierte Bereich zur Beobachtung des Vogelflugs im Raum); Templum war also ein abgegrenzter Bereich in der Luft. Der Tempel auf der Erde war als Spiegelbild der vollkommenen Ordnung am Himmel gedacht. Denke zum Beispiel an Stonehenge, das auf einer Linie liegt mit der Sonne, dem Mond und den Sternen. Bis heute ist Kontemplation ein Prozess, der zwei Bewegungen in sich vereint: das Aufschauen zu einer dynamischen Ordnung, die über uns hinausgeht, und das Übertragen dieser Ordnung auf die Ebene der alltäglichen Dynamik.

≈

Stille
Ist
Ein Weg,
Den ich
Zurücklege,
Still,
Stiller,
Am stillsten.

≈

≈

Worte
Entfallen,
Das Sprechen
Verstummt.
Die Stille
Gewinnt
Die Oberhand
Und spricht
Ihr letztes
Wort:
Sein.

≈

≈

Die
Stille
Ist nicht
Verärgert
Ist nicht
Betrübt
Stille ist
Sein.

≈

Kontemplation ist eine lebenslange Übung. Das erfordert Durchhaltevermögen, Geduld und endloses Trainieren. Wie beim Sport heißt es auch hier: Üben, üben und noch einmal üben und immer wieder von vorne anfangen. Im Gegensatz zu den echten Sportlern streben wir nicht nach einem Ergebnis. Das Sich-vom-Ego-Loslösen ist zwar auch so etwas wie ein Ergebnis, aber dieses Ergebnis wird uns zuteil, wie eine Gnade, man kann es nicht selbst herbeiführen. Das ist deshalb wichtig, weil es im Widerspruch zu unserer Kultur steht, die ja gerade die Machbarkeit des Lebens kultiviert.

Was von uns verlangt wird, ist eine endlose Übung, die jeden Tag aufs Neue praktiziert werden muss. Regelmäßige Treffen mit einer Kontemplations- oder Meditations-Übungsgruppe unterstützen – trotz der rigiden äußeren Form – den einzigartigen persönlichen Weg. Man sitzt jeweils fünfundzwanzig Minuten lang ununterbrochen in einem Viereck (erst bei der Gehmeditation darf man sich zurückziehen), man wartet auf den Gong und folgt dann den Anweisungen. Manche haben schon oft und lange so gesessen, andere noch gar nicht. Jeder hat seine Daseinsberechtigung, man ist sich nicht im Weg. Die klare äußere Ordnung mit ihren minimalen, vorgegebenen Regeln ist ein Kleiderständer, an den wir unser inneres Chaos und unsere innere Unruhe hängen können. Die Struktur ist nicht dazu da, uns das Leben unnötig schwer zu machen.

Erst wenn wir die Kontemplation unentwegt üben, verändert sich etwas in uns. Wir sehen diese Veränderung nicht unmittelbar, wir bemerken aber nach einer gewissen Zeit, dass wir uns verändert haben. Dieser Prozess vollzieht sich nach und nach in der Tiefe unserer Seele. Das Ziel ist auch gar nicht die Veränderung. Es geht um den Weg.

Der Weg der Kontemplation kann in einzelne Phasen unterteilt werden. Das ist allerdings mit etwas Vorsicht zu betrachten, denn die Phasen verlaufen nicht chronologisch, sondern willkürlich.

Zuerst beginnt das einfache Üben in der Kontemplation, das Sitzen, wobei man mithilfe eines Fokus, des Körpers und der Atmung übt. Ganz allmählich kommt der Übende dann zur Wahrnehmung des eigenen Seins. Es kommt manchmal zu kurzen Blitzmomenten des stillen Gewahrseins und des vollkommenen Stillwerdens. Dann folgt die Wahrnehmung des Seins oder der ultimativen Wirklichkeit. Jedes Erleben entfällt, es gibt nur noch das Einssein mit allem. Es ist gar nicht so einfach, das zu beschreiben, weil Worte diese Erfahrung einschränken.

Als Nächstes wird der innere Weg in das normale tägliche Leben integriert. Dieses Leben zeigt uns, ob wir authentisch sind und kongruent mit dem, was wir in unserem Inneren erleben. Wenn jemand geistig beseelt ist, sich aber materiell nicht über die Runden bringen kann, ist er noch nicht ganz zu seinem Wesenskern vorgedrungen.

Letztlich kommt es zu einer vollkommenen Transformation der Persönlichkeit. Das heißt nicht, dass wir – wie in alten Vorstellungen – heilig werden. Aber der Einzelne steht fortan gut geerdet im Leben, besitzt Flexibilität und

Offenheit und gleichzeitig das tiefe Urvertrauen, dass letzten Endes alles immer gut wird. Das Bezugssystem wurde buchstäblich von außen nach innen verlegt, und das Handeln verläuft nun von innen nach außen.

Diese Phasen treten nicht unabhängig voneinander auf, und sie verlaufen, wie bereits erwähnt, in willkürlicher Reihenfolge. Der innere Weg kennt in jedem Fall eine Läuterung des alten Menschen. Das Alte verschwindet immer mehr, und das Neue wird geboren. Jesus und viele andere dienen hier als Vorbild. Die Transformation setzt also bereits mit der Anfangsphase ein und setzt sich während des gesamten Weges fort. Je stiller es wird, umso mehr Stille tritt in das alltägliche Leben ein und macht es einfacher. Das heißt, es findet eine Ausrichtung statt, ein Bewusstseinsprozess auf allen Ebenen.

Ganz am Anfang können wir außergewöhnliche Erfahrungen machen, beispielsweise dass man sich von einem schönen Licht umgeben sieht, aber dann kann es wieder Monate oder Jahre dauern, bis wir erneut etwas Außergewöhnliches erleben. Ich habe das selbst so wahrgenommen. Bevor ich in das eremitische Kloster eintrat, hatte ich einige besondere Erfahrungen durchlebt. Wahrscheinlich war das zu jenem Zeitpunkt wichtig, sonst hätte ich den nächsten Schritt nie gemacht. Im Kloster hatte ich dann für lange Zeit keine einzige besondere Erfahrung. Das war eine harte Schule, doch es trug zur Klärung meiner Motivation bei.

Fokus

Sobald sich der Geist fokussiert,
kommen die Antworten auf ihren Platz.

Was ist nun genau ein Fokus? Ein Fokus ist ein Konzentrationspunkt. Man wählt diesen Punkt vorab aus und behält ihn bei. Das kann bei jedem Menschen etwas anderes sein, jede Seele ist einzigartig. Der Fokus kann ein Mantra sein oder ein Wort, ein Symbol oder eine Visualisierung. Jede Seele hat für sich ihren eigenen höchsten Wert und die entsprechenden dazugehörigen Bilder. Der Fokus ist ein Symbol für unseren höchsten, inneren Wert. Kontemplation ist die Verlagerung vom Kopf zum Herzen, von der mentalen Ebene zur Intuition. Deshalb kann ein Fokus kein Konzept oder eine Idee sein, denn damit würden wir auf der mentalen Ebene bleiben, was wir ja nicht wollen.

Für mich persönlich ist der höchste Wert Gott. Wenn ich meinen höchsten Wert visualisiere, habe ich ein deutliches Bild vor Augen, mit dem ich auch affektiv verbunden bin. Der Fokus ist kein Gefühl, er löst aber ein Gefühl aus.

Manchmal werde ich gefragt, warum ich so selten über Gott spreche, wenn er doch für mich der höchste Wert ist. Ich vermute, dass wir umso sprachloser werden, je näher wir dem Mysterium kommen. Jede Sprache verstummt. Gott bedeutet ja auch, dass wir Gott nicht kennen und nichts über ihn sagen können. Aber das sei nur am Rande bemerkt.

Es ist wichtig, den Fokus mithilfe eines Bildes zu konkretisieren, auch wenn das lediglich ein Hilfsmittel sein kann. Menschen, die eher akustisch ausgerichtet sind, können auch einen Klang als Fokus auswählen. Auf dem langen Weg nach innen lässt man den Fokus stellenweise los, damit sich die innere Stille vertiefen kann. Der Fokus ist ein Mittel zum Zweck, und wir entwickeln uns dahingehend, dass er keine Konzentration und schließlich auch keine Übung mehr ist. Bis man so weit ist, dauert es allerdings seine Zeit.

Die Atmung

Der natürlichste Fokus ist der Atem, durch ihn atmen wir den Geist ein und aus. In der Atmung sind wir uns am meisten des Lebens bewusst. Atmung ist Leben. Leben beginnt und endet mit dem Atem. Im Atem empfinden wir das Leben auch als eine sich verändernde Bewegung. Wenn wir uns dessen bewusst sind, sind wir auf dem Weg.

Im Atem berühren sich das Leben und der Tod. Sie streifen einander im Atem. Wir dürfen das Leben empfangen und Leben geben. Der Atem berührt uns deshalb innerlich. Unsere Wunden und unsere Narben werden durch unseren Atem berührt. Berührung ist heilsam. Der Tastsinn ist der fundamentalste der fünf Sinne. Im Evangelium berührt Jesus die Kranken, um sie zu heilen.

≈

Wut
Nebel in meinem Kopf
Bauchschmerzen
Verkrampfung
In der Brust.
Emotionen,
Ich sehe sie,
Sehe sie an,
Mit dem Blick
Gottes.
Es verändert
Sich.
Ich atme wieder
Stille.

≈

Bei einer guten Atemübung wird der Atem immer so zugelassen, wie er ist. Einen richtigen Atem kann man nicht herbeiführen, sondern er kommt und geht von selbst, ohne dass wir uns krampfhaft damit beschäftigen müssten. Daher sollte der erste Schritt sein, den Atem loszulassen. Das ist viel schwieriger, als man denkt. Wenn man sich auf die Atmung konzentriert, wird direkt der vorhandene lebendige Rhythmus unterbrochen. Die Atmung stockt, man hat das Gefühl, nicht richtig zu atmen, und gerät sogar in Atemnot. Es ist ein langer Weg, bis man es beherrscht, bewusst zu atmen und den Atem gleichzeitig loszulassen.

Die entsprechende Haltung kann uns sehr dabei helfen. Wenn wir noch zu sehr »verkopft« sind, stockt der Atem weit oben im Brustraum, wenn wir uns allerdings auf der Ebene der richtigen Mitte befinden, sinkt der Atem automatisch mit nach unten. Richtige Mitte heißt, dass der Bauch (spannungs)frei und das Becken leicht nach vorne gekippt ist. Dann kann der Atem frei von oben nach unten fließen. Deshalb ist die Verankerung in der Mitte so wichtig.

Am Anfang erleben wir den Atem noch losgelöst von uns selbst. Je weiter wir auf dem Weg vorangeschritten sind, desto mehr erleben wir uns selbst im Atem. Nicht »ich« bin es, der/die atmet, sondern »es atmet in mir«. Das geht ohne mein Zutun, das Leben ist mir gegeben. Ich kann tagelang ohne Nahrung und ohne Schlaf auskommen, aber der Atem geht immer weiter. Er verstärkt unser Körperbewusstsein, sodass wir uns von der Tyrannei des Kopfes befreien können.

Bei Atemübungen geht die Konzentration in Kontemplation über. Kontemplation bedeutet, in die Mitte geführt zu werden, in den stillen Raum in uns. Mit dem Atem geben wir uns dem Sein hin. Das ist die Wahrnehmung der Unendlichkeit in uns, die – ähnlich wie der Atem – nicht festgehalten werden kann. Es ist ein Kommen und Gehen. So geschieht in der Kontemplation bewusst, was man im Atem unbewusst macht. Wenn man der Atmung folgt, gelangt man allmählich in Kontakt mit dem eigenen tiefsten Wesen. Wir lernen, unsere Bilder, Ideen, Konzepte loszulassen und einfach nur dazusitzen bei dem, was ist. Irgendwann lässt man dann sogar das Wahrnehmen der Atmung los. Das führt zu einer Reinigung unserer Ideen und Vorstellungen, man wird still.

Ein Mantra oder ein Wort

Stille ist musikalischer als jedes Lied.
Christina Rossetti (englische Schriftstellerin 1830–1894)

Es ist wichtig, die Atmung mit einem Fokus, beispielsweise einem Mantra oder einem Wort, zu verbinden. Unser Geist neigt dazu, die Form dessen, worauf er ausgerichtet wird, anzunehmen. Das ist die tiefere Bedeutung der Mantras, das Einswerden mit dem Klang. Wir sind dieser Klang, der in dem E I N E N Wort steckt, die Schwingung.

Ein Beispiel für ein westliches Mantra ist das Rosenkranzgebet. Durch die monotone Wiederholung der Worte verschwinden die inneren Gedankenmuster, und Stille kehrt ein. Der Strom der Gedanken kommt zum Stillstand.

Wenn man ein Wort als Fokus wählt, besteht die Gefahr, dass man bei dem mentalen Konzept stehen bleibt, und das ist nicht Sinn der Sache. Es ist der Klang, mit dem man eins wird, oder die Schwingung. Auch in der Gruppe ist ein Wort als Fokus nicht vorteilhaft, weil man den Klang als solchen nicht aussprechen oder singen kann. Die Gefahr, im Kopf zu bleiben, ist beträchtlich.

Mantras bestehen aus Schwingungen. Ich persönlich bin sehr empfänglich für Schwingungen, und ich mag diese Form der Meditation sehr. Alle religiösen Traditionen kennen das Mantra als Fokus. In der christlichen Tradition, aus der ich selbst komme, beteten wir endlos das Kyrie eleison. Das monotone Wiederholen – bis zu fünfzig Mal in den Metten (Morgengebeten) – brachte mich zu einer vollkommenen Stille. Als weiteres Mantra gilt das Jesusgebet (das endlose Repetieren des Namens Jesus) aus der russisch-orthodoxen Tradition. Das OM-Mantra aus der hinduistischen Tradition ist durch den kurzen, rhythmischen Klang besonders stark. Das Unendliche wird in dem Klang erlebbar. Es ist günstig, wenn der Klang nur aus einer Silbe besteht.

Die einzig richtige Identifikation ist jene Identifikation, die uns zu dem- oder derjenigen macht, der/die wir im Grunde unseres Wesens sind. Ein Wort oder ein Mantra hilft uns dabei. Die systematische Verwendung eines Worts hat zur Folge, dass der innere Dialog der Gedanken unterbrochen wird. Mit einem Mantra beten bedeutet: mit diesem Wort mitgehen und nicht mit den Gedanken.

≈

Die Stille
Saugt dich
Mit hinein
In
Ein unwirkliches
Panorama.
Es ist
Nur noch
Still, still
Sehr still.

≈

Ein Mantra löst die alten Muster auf und verschafft uns einen neuen Blick, eine neue Erkenntnis, wer wir wirklich sind, anstelle von wer wir denken zu sein. Nach Monaten, vielleicht Jahren, löst sich das gesamte alte Muster auf, und unser innerer Konflikt verschwindet. Dann tritt wirklich völlige Stille ein. Man wird zu seinem Mantra.

Ich habe das mit dem Jesusgebet erlebt. Jeden Tag wieder, zwölf Jahre lang. Tag und Nacht, jede Minute, jede Sekunde. Wenn ich heute meine Gebetskette berühre, beginnt es in mir wieder zu sprudeln, und es gibt mir ein völlig anderes Muster. Es wirkt so, als würde sich ein leeres, weißes Blatt Papier blitzschnell vor meine Urteile, meine Kritik und Überzeugungen schieben. Ich vergesse sogar, was ich noch eine Minute vorher gedacht habe.

Ein Symbol oder eine Visualisierung

Der Fokus kann auch ein Bild sein. Das scheint zwar im Widerspruch zu der Vorstellung zu stehen, dass es in der Kontemplation keine Bilder gibt, aber hier geht es darum, nicht auf das Bild einzugehen. Es geht darum, eins zu werden mit dem Bild. Für mich ist es die Gestalt Jesus Christus. Es kann auch etwas anderes sein, aber wichtig ist, dass es sich um etwas handelt, das auf jeden Fall unseren höchsten Wert symbolisiert. Mögliche Beispiele sind die Sonne, ein Herz, das Licht, eine Abbildung von Christus oder ein Moment in der Natur, der wie in unsere Seele eingraviert ist.

≈

Das Meer
In der Welle,
Es manifestiert
Sich
Immer wieder
Und
Fällt
Schließlich
In
Das Sein
Zurück.

≈

Ob man nun ein Mantra oder ein Symbol als Fokus verwendet, ist unerheblich. Entscheidend ist, dass der Fokus mit der Atmung verbunden wird. Das Wichtigste bei der Kontemplation ist, dass alle Dualität aufgehoben wird.

»Wer mich sieht, sieht den Vater.« Ohne diese Aufhebung bleibt man ein Gegenüber. Allerdings kann man das nicht selbst bewerkstelligen. Deshalb ist die Stille so bedeutend, denn in der Stille kommt es zur Verschiebung hin zum Nichtdualen, und zwar auf natürliche Weise, wir müssen uns nicht krampfhaft darum bemühen.

Das Training sieht vor, an jedem x-beliebigen Moment des Tages dorthin zurückzukehren. Da wir Menschen sind, tauchen in uns immer wieder allerlei Bilder, Gedanken und Emotionen auf. Das können wir nicht verhindern und nicht bekämpfen. Wir können aber lernen, diese Dinge von unserem Fokus aus zu betrachten und sie vorbeiziehen zu lassen, wie Wolken am Himmel oder einen Zug, der vorüberfährt. Wenn wir allerdings merken, dass wir auf den Zug aufgesprungen sind, sollten wir sogleich wieder abspringen und von der Warte des Beobachters aus zusehen, wie der Zug weiterfährt, ohne uns.

Nach einer langen Zeit des Trainings wird der Geist allmählich still. Einige Meditationsschulen behaupten, dafür seien mindestens drei Jahre des Trainings erforderlich, ich hingegen denke, dass man dafür keinen allgemein gültigen Zeitraum festlegen kann. Es kommt auf die einzelne Seele, ihren Hintergrund, das Leben, das sie führt und geführt hat, und vor allem auf die Intensität der Sehnsucht an.

Der Körper

Der Körper ist das Fahrzeug, mit dem wir uns auf den Weg nach innen begeben. In der Kontemplation sitzen wir mit aufrechtem Körper und im Unterbauch verankert. Die gerade Wirbelsäule lässt den Atem frei fließen und hält den Geist wach. Es ist darauf zu achten, dass die Knie niedriger liegen als das Becken. Wenn nämlich die Knie höher gelagert sind, krümmt sich der Rücken.

Dieses Körperbewusstsein ist sehr wichtig. Wir richten unseren Körper gut aus, sorgen dafür, dass die Knie oder Füße festen Kontakt zum Boden haben, und wir nehmen eine Sitzhaltung »wie ein Berg« ein. Stabil von unten und leicht von oben. Der Schwerpunkt liegt im Bauch und beim Atem. Wir suchen im Körper die richtige Mitte, dann können wir den Geist neu ausrichten.

Durch das Körperbewusstsein spürt man unmittelbar, wo die persönliche Schwerkraft liegt, im Kopf oder eher im Bauch. Wenn ich spüre, dass ich mich gehetzt fühle oder zu viel im Kopf herumtrage, wölbe ich manchmal meinen Bauch nach vorne und atme tief ein. Ein kurzes, bewusstes In-meinem-Bauch-Leben, und schon komme ich wieder in Kontakt mit meinem Gefühl und lande im wahrsten Sinn des Wortes mit beiden Beinen auf dem Boden.

Man kann sich auf ein Kissen setzen, auf eine kleine Holzbank oder auf einen geraden Stuhl. Wer ein Kissen verwendet, sollte darauf achten, dass beide Knie stabil auf dem Boden ruhen. Das sorgt für eine gute Erdung und gewährleistet, dass der Rücken aufrecht bleibt. Das Holzbänkchen platziert man zwischen die Fersen und die Sitzfläche, und auch hier kann man beide Knie auf dem Boden ruhen lassen. Wenn man sich auf einen Stuhl setzt, sollte man darauf achten, dass es ein Stuhl mit einer geraden Sitzfläche ist, damit das Becken nach vorne gekippt werden kann, der Rücken aufrecht bleibt und beide Füße im Boden »verwurzelt« sind. Die Augen können leicht geschlossen werden oder auch geöffnet sein. Das ist jedem selbst überlassen.

Mit dem Körper spüren wir und nehmen wir auf eine spezielle Weise wahr. Wenn ich beispielsweise auf einem Weg bin, der mir nicht guttut, dann spüre ich das. Und jedes Mal, wenn ich merke, dass ich im Gedankenkarussell in meinem Kopf feststecke, hilft mir der Körper, mich wieder zum Bewusstsein des Hier und Jetzt zu bringen. Oder wenn ich Schmerzen verspüre und in dieser Wahrnehmung mitgehe, bin ich nicht mehr in meinem Kopf. Aber auch wenn ich meine Füße spüre, bringt mich das buchstäblich auf den Boden. Damit bin ich raus aus der virtuellen Wirklichkeit meines Kopfes.

In der Kontemplation lässt man den Geist mithilfe der Regungslosigkeit des Körpers still werden. Es steigen weniger Bilder und Gedanken auf, ähnlich wie beim Schweigen. Wenn man allerdings immer wieder der Ruhelosigkeit des Körpers nachgibt, kommt man nie zum inneren Stillwerden. In diesem Sinn ist der Körper das beste Hilfsmittel auf dem Weg nach innen, aber auch ein Gradmesser für unsere Unruhe.

≈

Die Stille
Ist immer
Neu
Überraschend schön,
Bezaubernd.
Vorsichtig
Gehe ich
Umher,
Ängstlich,
Die Stille zu
Zerstören.

≈

Der Körper ist ein Indikator für unsere innere Verfassung. Körperliche Schmerzen können auf blockierte Emotionen hinweisen und damit auf eher psychosomatische denn physische Ursachen. Häufig ist es so, dass man vieles spürt, wenn man in der Kontemplation verweilt, man muss sich räuspern, es kribbelt hier und da. Es ist gut, wenn man nicht darauf reagiert. Das geht von allein wieder weg.

Müdigkeit wird beim Sitzen (in der Kontemplation) spürbar. An sich ist es kein Hinderungsgrund, wenn man müde ist. Das Problem dabei ist, dass wir der Überzeugung sind, dass es ein Hinderungsgrund ist, und damit entsteht in der Tat ein Problem. An sich kann man trotz Müdigkeit ausgezeichnet in Stille sitzen. Man wird sogar schneller an die Grenze zwischen Schlafen und Wachen herankommen, weil man die Kontrolle eher verliert, wenn man müde ist. Die Grenzen sollten respektiert werden, der Körper gibt deutliche Signale.

Schlaflosigkeit ist ein Ausdruck für Unruhe im Kopf, für den ständigen Strom von Gedanken und Bildern, den wir nicht stoppen können. Wie ein stehendes Auto mit laufendem Motor.

Wer regelmäßig in der Kontemplation verweilt – das heißt täglich etwa eine halbe Stunde und gelegentlich ein Training von mehreren Tagen –, wird feststellen, dass sich die Qualität des Schlafs verbessert.

Sitzen in der Kontemplation

Das Sitzen in der Einsamkeit wurde einmal von einem der Wüstenväter mit einem Glas Wasser, in das Sand geraten ist, verglichen. Setz dich, halte es still, rühre nicht länger in dem Glas herum. Langsam sinken die einzelnen Körner zu Boden, das Wasser wird durchsichtig, und nach einer Weile kann man jedes einzelne Sandkorn auf dem Grund des Glases unterscheiden. Genauso ist es mit der Seele.

Beim Sitzen sollte darauf geachtet werden, dass man nicht übertreibt. Wenn wir uns zu sehr auf eine gute Sitzhaltung konzentrieren, nähren wir damit nur unser Ego. Das richtige Sitzen ist niemals das Ziel, sondern ein Mittel. Am Anfang muss man die richtige Haltung erst suchen: Wie ein Berg soll sie sein, mit dem Schwerpunkt im Bauch. Wenn man gut sitzt, kann man auch in alle Richtungen schwanken, ohne umzufallen. Wie ein Baum, der, wenn er gut verwurzelt ist, nicht umfällt. Ein lässiges Hinlümmeln in der Sitzhaltung bedeutet für den inneren Weg eine Behinderung. Deshalb legen wir in der Meditation Wert auf eine gute Sitzhaltung. Sie soll kein Ausdruck von Nichtstun sein, auch wenn man körperlich nicht aktiv ist. Es ist vielmehr ein »Anwesendsein«, und das verlangt eine wachsame Art und Weise zu sitzen. Eine entspannte Wachsamkeit.

Die Wachsamkeit des Geistes muss trainiert werden. Darum geht es. Das Entwickeln einer neutralen Position beziehungsweise das Entwickeln des inneren Beobachters bedeutet, wachsam und offen zu sein für alles, was sich in unserem Geist regt. Entscheidend aber ist, nicht dort hängen zu bleiben.

Das regungslose Sitzen wird zum Mittel, um nach innen zu gehen. Das ist es, was der Mystiker Meister Eckhart gesagt hat: »Ich *will sitzen* und ich *will schweigen* und ich *will hören*, was Gott in mir redet.« Und auf die Frage, was ihn heilig gemacht habe, antwortete er, es sei das Sitzen in der Stille und die Flucht vor den Gedanken gewesen. Wichtig zu wissen ist, dass die Umgebung nicht unbedingt still sein muss. Als ich einmal bei dem Benediktinermönch und Zen-Meister Willigis Jäger in Würzburg meditierte, hörten wir den ganzen Tag lang Krankenwagen vorbeifahren. Das Haus lag zwischen zwei Kliniken. Es ist eine buddhistische Tradition, davor nicht zurückzuschrecken. Im Gegenteil, es stärkt uns in unserem Training, innerlich still zu werden.

Das ändert nichts an der Tatsache, dass ich persönlich eine stille Umgebung sehr zu schätzen weiß, aber, wenn man sich die ganze Zeit mit der Stille beschäftigt und meint, es müsse sowohl in einem selbst als auch um einen herum still sein, wird es kurioserweise nicht still. Die Stille ist da, wenn man sie lässt. Wenn man nicht mehr bewusst will, dass es still ist. Stille ist schließlich ein Seinszustand.

Einen ganzen Tag oder auch mehrere Tage in Kontemplation zu verweilen ist so ähnlich, wie eine Reise zu unternehmen. Der Anfang ist angenehm und schön. Man kommt aus der Hektik und freut sich auf die Ruhe und die Stille. Die erste halbe Stunde vergeht im Nu, und man möchte mehr davon. Im Verlauf des Tages (oder der Tage) stellt sich irgendwann unweigerlich ein Tiefpunkt ein. Es geht mühsam, man muss sich mehr anstrengen, um zur Stille zu finden, es wird unangenehm, und man denkt sich, diese »Beschäftigung« sei doch eigentlich nichts anderes als Zeitvergeudung. Es wird zum Trott. Da muss man durch. Erst dann kann sich wirklich etwas in uns bewegen. So ist das mit jedem Training. Erst langfristig zeigen sich die Früchte.

≈

Im Schweigen
Lösen sich alle
Gedanken auf.
Es gibt kein
›Ich‹ mehr,
Es gibt nur
Das Sein.

≈

≈

Stimmungen
Kommen und
Gehen
Wie das Rauschen
In einem
Baum
Bei Windstille.

≈

≈

Der lange Weg
Zurück
Eigener Rhythmus
Eigene Zeit
Weder Bewegung
Noch Geschwindigkeit
Bloß sein
Und warten.

≈

Beachtet werden sollte auch – dies gilt vor allem für die Meditationspraxis zu Hause: Man sollte immer so lange sitzen bleiben, wie man es sich vorher vorgenommen hat. So kann man sehr gut trainieren, die sofortige Bedürfnisbefriedigung etwas nach hinten zu verschieben. Es ist sehr verführerisch, wenn man allein zu Hause übt, schon vor der festgelegten Zeit aus der Sitzhaltung herauszugehen und irgendetwas anderes zu tun. Da hat man sich beispielsweise zum Ziel gesetzt, fünfundzwanzig Minuten zu sitzen, und nach zwanzig Minuten kommen einem plötzlich Dinge in den Sinn, die noch gemacht werden müssen. Ich empfehle, dann in der Sitzhaltung zu bleiben, bis fünfundzwanzig Minuten vorbei sind. Das ist sehr wichtig. Es hört sich vielleicht nach einer Kleinigkeit an, aber kleine Schritte sorgen für große Veränderungen.

Das Gleichgewicht zwischen Anspannung und Entspannung finden wir im Zentrieren in der Mitte. Das ist das Ergebnis der Hingabe, die von uns verlangt wird. Das »agere«, das Handeln mit dem Fokus, damit wir den goldenen Mittelweg gehen können und der kosmische Wind auf unserer Seite ist. Statt »Ich handle« »Es handelt durch mich.«

Die Sinne

Lasse den Geist zur Ruhe kommen
und schließe deine Augen.
Sei still. Spüre die Sonne auf deiner Haut.
Höre das Tschilpen der Vögel.
Genieße deine Sinne. Genieße das Leben.

nach Pam Brown (australische Dichterin, *1948)

≈

Es ist
Noch Nacht
Ich fühle
Die Stille
Ich sehe
Die Stille
Ich höre
Die Stille
Und
Rieche
Die Stille,
Stille überall.

≈

Die Sinne versetzen uns in das Hier und Jetzt. Wir sehen, hören, fühlen, riechen und schmecken, und der Verstand steht still. Das ist Leben. Daneben ist es wichtig, dieselben Sinne auch nach innen zu richten. Was höre ich in der Tiefe meines Wesens? Die Stille hinter der Stille belauschen: das Sein. Der eine Mensch fühlt das mehr, ein anderer hört es besser, und wieder ein anderer sieht es. Manchmal kommen uns angenehme Düfte aus anderen Dimensionen entgegen. Wenn wir in der Lage sind, unsere Sinne derart nach innen zu richten, führen sie uns wie von selbst zur tieferen Wirklichkeit. Die Sinne sind das Handwerkszeug und nicht das Ziel.

Persönlich war mir während der langen, stillen Phase meines Lebens, als ich im Kloster in Südfrankreich war, aufgefallen, dass ich die Farben und Formen in der Natur deutlich intensiver wahrnahm. Vor allem in Bezug auf die Wahrnehmung von Farben war das ein deutlicher Unterschied. Ich denke dabei an die Weinberge, die innerhalb eines Jahres alle Farben des Regenbogens annehmen konnten: von einem harten Gelb bis Rot, von Weinrot bis Grün.

Wer die alltägliche Wirklichkeit mit all seinen Sinnen wahrnimmt, öffnet sich für mehrere Dimensionen. Wenn Sie merken, dass Sie mehr auditiv oder mehr visuell ausgerichtet sind, setzen Sie dann auch einmal aktiv jene Sinne ein, die Sie weniger entwickelt haben. Das führt buchstäblich zu einer breiteren Wahrnehmung und trägt dazu bei, das Gewahr-Sein zu entwickeln.

Gleichgewicht

Meditieren ist wie der Tanz auf einem losen Seil im Zustand zwischen Wachen und Schlafen. Mithilfe des Fokus kehren wir jedes Mal zum Mittelpunkt zurück. Es besteht kein Subjekt und kein Objekt mehr. Wir sind eins. Wir sind. Auf der physischen Ebene heißt das, dass wir uns im Gleichgewicht befinden. Das ist wichtig bei der Kontemplation. Wenn wir in unserem Körper ausgerichtet sind, folgt das geistige Ausrichten, und dann sind wir im Gleichgewicht.

Bei den Gehmeditationen, die sich mit den Sitzrunden im Kontemplationstraining abwechseln, spürt man sehr bald, ob man im Gleichgewicht ist.

Es kommt oft vor, dass es Menschen schwerfällt, in der Gehmeditation das Gleichgewicht zu halten. Andere schleppen sich manchmal nur mühsam voran. Nichts ist so entlarvend wie Meditation. Mit Worten können wir noch Dinge leichtfüßig umschiffen, aber Stille und Meditation zeigen unverhüllt alles, was wirklich abläuft.

Diese Bewusstwerdung ist heilsam. Für die Heilung reicht es oft schon aus, wenn das Ungleichgewicht nur zutage tritt. Vor allem weil das schrittweise geschieht und weil in der Stille keine Interpretation und kein Urteil darüber gesprochen werden. Es ist, was es ist. Es wird in einem konkreten Sinn ans Licht gebracht.

Meditieren ist wie Seiltanzen, und dabei hat das Herz die Leitung. Die Stille lehrt uns, wann wir den Fokus loslassen müssen und wann wir zu ihm zurückkehren sollen. Dabei gilt es, das Gleichgewicht zwischen dem aktiven

Lenken der Aufmerksamkeit und dem passiven Geschehen-lassen zu finden. Manchmal findet sich das Gleichgewicht von selbst, in der Tendenz der Entwicklung wird dies immer öfter der Fall sein. Eine subtile Angelegenheit, die man erspüren muss. Es kann vorteilhaft sein, wenn man dies mit jemandem teilen kann, der den inneren Weg schon länger geht. Die Wüstenväter raten, anspruchsvoll in der Wahl des spirituellen Coachs zu sein, denn es kann eben auch verwirren, über den Weg zu sprechen. Die westliche Tradition bietet allerdings keine große Auswahl an spirituellen Coachs, aus denen man sich einen auswählen könnte. Hierzu kann ich folgenden Rat geben: Wechseln Sie nicht ständig von einem Lehrer zum anderen. Suchen Sie lieber so lange, bis Sie denjenigen gefunden haben, der zu Ihnen passt, und bleiben Sie dann bei diesem Lehrer, auch wenn es anstrengend wird.

≈

Mystik ist
schlafen, essen
Staub wischen, meditieren
kochen, Fahrrad fahren
einkaufen,
überlegen und beten.

≈

Loslassen

Es ist leicht, in einer Welt nach den Vorstellungen dieser Welt zu leben; es ist leicht, in Zurückgezogenheit nach unseren eigenen Auffassungen zu leben; aber ein großer Mensch ist derjenige, der es versteht, sich inmitten der Massen die Unabhängigkeit des Alleinseins zu erhalten, ohne sich Gewalt anzutun.

nach Ralph Waldo Emerson (1803–1882)

Um gut in Balance zu kommen, müssen wir erst manches loslassen. Und damit sind wir beim wichtigsten Teilaspekt des geistigen Weges. Man übt sich darin, seine kleine Welt mit ihren Ideen und Überzeugungen loszulassen und das Leben zuzulassen. Das Loslassen findet auf allen Ebenen statt, auf der Ebene der Gedanken genauso wie auf der Ebene der Emotionen, schließlich wird auch der Fokus losgelassen und jede vorhandene äußere Form. In diesem Zusammenhang wird im Evangelium auch von einem engen Tor gesprochen. Kaum hat man etwas hinter sich gelassen, steht schon die nächste »Übung« im Loslassen an. Die Flexibilität, die wir dabei an den Tag legen, ist entscheidend für das Maß unserer inneren Freiheit. Die letzte große Übung im Loslassen ist der Tod, der Moment, an dem wir unsere Persönlichkeit zurücklassen müssen, um weitergehen zu können.

Loslassen meint auch: jedes Resultat loslassen. Es ist wichtig, sich diesen Punkt bewusst zu machen, denn vieles in der Lifestyle-Spiritualität ist sehr resultatorientiert:

well-being, wellness. Wir leben in einer machbaren Welt, in der wir offenbar alles erreichen und realisieren können, ob es nun um Erleuchtung oder paranormale Fähigkeiten geht. Wenn man aber handelt, um ein bestimmtes Ergebnis zu erreichen, hat man das Ziel schon verfehlt. Der Weg ist wichtig und die Art und Weise, wie man diesen Weg geht.

Wenn in mir ein Gleichgewicht zwischen der materiellen und der geistigen Ebene besteht, bin ich in der Lage, all meine Ziele loszulassen. Denn dann weiß ich, dass ich auf jeden Fall das, was gut für mich ist, erreichen werde. Die Angst oder die Ungeduld – die ebenfalls eine Form der Angst ist – sind die Ursache dafür, dass wir krampfhaft an einem Ziel oder einem Ergebnis festhalten. Loslassen erfordert Hingabe, und wenn wir dazu in der Lage sind, werden wir von einem Strom erfasst (flow). Dann erreichen wir, was gut für uns ist.

Das Ergebnis gehört zur Vergangenheit oder liegt in der Zukunft. Das, was wichtig ist, spielt sich jetzt ab. Loslassen kann man nur, was man hat. Wer sein Ego loslassen möchte, muss eins haben. Um die materielle Ebene loszulassen, muss man sie zuvor erst realisieren. Schließlich bekommt man sie auf eine neue Weise wieder zurück. Ohne ein gut entwickeltes Ego können wir in dieser Welt nicht leben und funktionieren.

Wirklich loslassen heißt: die Form und das Ergebnis loslassen und die Übung zulassen. Wenn wir beispielsweise Stille erleben wollen und uns krampfhaft in einer stillen Umgebung aufhalten, aber die Disziplin und die Eintönigkeit der Einsamkeit und der Übung nicht zulassen, wird es zu nichts führen. Dann driften wir ab von dem, was wir eigentlich wollten: Stille. Denn unsere Widerstände verursachen ziemlich viel Lärm. Indem man die stille Umgebung etwas loslässt und die Eintönigkeit und die Disziplin zulässt, kommen wir zu innerer Stille, die jenseits der äußeren Stille liegt.

Wirkliches Loslassen hat etwas Radikales. Wenn man allerdings die befreiende Dynamik dahinter verstanden hat, schenkt es viel Freiheit und großen Freiraum, was sehr lohnenswert ist.

Kontemplation ist ein Spiel zwischen Zulassen und Loslassen. So wird man gelegentlich den Fokus loslassen und die Angst, die dadurch aufkommt, zulassen müssen. Wenn man krampfhaft am Fokus festhält, läuft man vor der Angst, den Fokus zu verlieren, weg, und so kommt man nie zu einer Einheitserfahrung.

Viele Menschen klammern sich an ihre spirituelle Praxis, und genau das ist der größte Stolperstein auf dem spirituellen Weg. Es ist wichtig, dass wir jede Form von materieller Spiritualität, die sich unter anderem um Erleuchtungserfahrungen bemüht, hinter uns lassen. Das nährt ausschließlich »den, der macht« (das Ego), und entfernt uns von wirklicher Einheit. Erleuchtung zu wollen heißt, auf ein Ergebnis zu schielen. Das verursacht Unruhe. Ein Ergebnis zu wollen liegt noch in der Zukunft oder in der Vergangenheit.

≈

Tod
Und
Leben
Zwei Seiten
Derselben Medaille.
Warum
Sich an etwas
Klammern,
Das man
Doch wieder
Weggeben muss?

≈

≈

Schöne
Momente,
Loslassen.
Schmerzen,
Gehen lassen.
Alles geht
Vorbei.

≈

≈

Worte
Wollen
Überzeugen,
Be-greifen.
Stille
Lass los.
Lass zu,
Dass es
Still ist,
Sehr still.

≈

≈

In der Stille
Fällt alles
Weg
Zwangsvorstellungen,
Grübelei,
Ent-falten,
Masken
Ab
Bis
Nur noch
Sein
Ist.

≈

Ziel der materiellen Spiritualität ist es, etwas Besonderes aus uns zu machen, aber die Möglichkeit der Erfahrung ist für jeden Menschen zugänglich. Jeder Mensch ist dazu aufgerufen, zu leben und eins zu sein mit allem. Außerdem geht es in der Mystik um das ewige Jetzt. Wir sind im Hier und Jetzt, und es geht darum, zu erwachen für die Fülle des Lebens, wie sie sich jetzt darstellt. Wenn man sucht, läuft man davor weg. Unser Kopf platziert uns in eine Wirklichkeit, die alles andere als wirklich ist. Wenn wir aber anfangen, zu spüren, nehmen wir die Wirklichkeit wahr, so wie sie ist.

Loslassen bedeutet eigentlich durchschauen. Wir leben dann nicht länger in der Illusion. Das ist das Ergebnis des Loslassens, und es macht uns frei. Menschen zu lieben bedeutet zum Beispiel, das Bedürfnis nach Menschen loszulassen sowie das Alleinsein zulassen zu können. Dann begegnet man anderen Menschen anders: freier und bewusster, weil weniger durch Bedürfnisse und Erwartungen geprägt. Leben bedeutet, die Dinge zu nutzen, sich über sie zu freuen, aber sie auch lassen zu können.

Festhalten wird schnell zur Bindung. Bindung ist ein Bedürfnis, das immer mit starken Emotionen wie Angst vor Verlust und Zurückweisung, Selbstmitleid und Traurigkeit einhergeht. Außerdem besteht die Gefahr, dass man von seinem eigenen Gefühl abgetrennt ist. Es ist wichtig, ein entsprechendes Gewahrsein zu entwickeln, damit man erkennt, an welchem Punkt man von anderen Menschen, Dingen und Emotionen abhängig ist.

Loslassen ist die Voraussetzung, um zur Stille zu finden,

gleichzeitig hilft die Stille beim Loslassen. Wenn man während der Meditation zum Beispiel die ganze Zeit an die Einkaufsliste für morgen denkt, kommt man nicht zur Stille. Zugleich ist es so, dass das Verbleiben in der Sitzposition und das Nichttun dazu beitragen, den Gedanken an die Einkaufsliste schließlich loszulassen. Die Stille bietet uns das Loslassen gleichsam an.

Ankerpunkte

Wir alle haben Erfahrungen mit der Stille. Wenn wir uns die Zeit nehmen und zurückdenken, dann wird uns bewusst, dass wir irgendwo schon einmal die Stille erlebt haben. Das war sicherlich eine positive Erfahrung. Vielleicht war es bei einer Wanderung oder in einer alten romanischen Kirche in Frankreich oder allein zu Hause. Jemand hat mir einmal von einer tiefen Stille- oder Einheitserfahrung in der Wüste berichtet. Wenn wir uns jetzt einmal die Zeit nehmen, dann ist die Erinnerung an diesen stillen Moment wieder da. Das ist ein Ankermoment, eine tiefe Erfahrung.

In der Erinnerung ist die Stille wieder da. Obwohl wir jetzt nicht in dieser Kirche oder in der Wüste sind. Die Momente sind durch die Erinnerung wieder da. Die Stille ist da, wenn man sich an sie er-innert. Es ist unsere Entscheidung, dorthin zurückzukehren.

≈

Vögel in der
Brandung
Wie stille Wächter
Des
Neuen Lebens.
Das Meer kommt
Und geht
Wie ein
Endloses
Versprechen.

≈

Zeiten der Zurückgezogenheit

In mir ist ein Ort, der nur mir gehört,
es ist der Ort, an dem sich die Quellen erneuern,
sodass sie nie versiegen.

nach Pearl S. Buck (1892–1973)

Wir leben in einer schnellen Zeit mit vielen Reizen und Ablenkungen. Von allem gibt es zu viel: zu viel Information, zu viele Menschen, zu viele Aktivitäten. Das Fernsehen holt uns aus unserer Wirklichkeit und bringt uns in eine virtuelle Scheinwirklichkeit. Wer oft fernsieht, verliert den Kontakt zu seiner eigenen Vitalität.

Ich habe eine lange Phase der Zurückgezogenheit gebraucht, um Abstand zu meinen Emotionen, meiner Gedankenwelt und den vielen äußeren Reizen zu gewinnen. Das bedeutet nicht, dass alle Menschen eine längere Zeit im Kloster verbringen sollten, aber es ist wichtig, sich von Zeit zu Zeit für ein paar Tage zurückzuziehen. Stille gibt es nur selten, allerdings wächst das Bewusstsein dafür, wie notwendig Stille ist, sodass auch das Angebot zunimmt. So bin ich Menschen begegnet, die damit beschäftigt sind, Ruhezonen zu schaffen. Es gibt auch für dieses spezielle Ziel organisierte Reisen in Wüstengegenden oder andere stille Orte.

Versuchen Sie, Ihr Leben auf jeden Fall so einzurichten, dass Ihre Arbeit Sie nicht vollkommen absorbiert, damit Sie Zeit und Raum haben, sich von Zeit zu Zeit zurückzuziehen. Das kann zeitweise Unsicherheit und Ängste verursachen. Wir sollten das zulassen, denn am Ende profitieren wir davon und wird es uns besser gelingen, auf der Ebene unseres Gefühls zu leben.

Wenn ich spüre, dass meine Grenzen erreicht sind, stelle ich mir selbst die Frage: Was fühle ich jetzt? Durch diese Frage komme ich fast schon automatisch von meinem Kopf weg und hin zu meinem Herzen. Der Stress perlt an mir ab, ich bin nicht länger von meinem tiefsten Selbst abgetrennt. Um den Kontakt zu mir selbst zu festigen, suche ich die Einsamkeit auf.

Disziplin

Heute werde ich mir die Zeit zum Alleinsein nehmen.
Ich werde mir Zeit nehmen, still zu sein.
In diese Stille werde ich hineinhorchen … und ich werde
meine Antworten hören.

nach Ruth Fishel (amerikanischer spiritueller Coach)

In hektischen Lebensphasen, wenn mein Fokus mehr in den Hintergrund geraten ist und sich ein Rauschen in mein Inneres eingeschlichen hat, fange ich oft an, unregelmäßig und seltsam zu essen (wie: viel zwischendurch zu essen) und deutlich zu spät ins Bett zu gehen. Das ist für mich ein wichtiges Signal. Es erfordert Disziplin, in einem solchen Moment zum Fokus zurückzukehren. Es braucht den Willen dazu, jedes Mal wieder diese Wahl zu treffen. Zugleich ist es so, dass man mit einem Fokus wieder anders lebt. Das Bedürfnis nach extremen Ess- oder Schlafgewohnheiten verschwindet. Andere Bedürfnisse melden sich. Es gibt ein natürliches Gleichgewicht, und wenn die Balance durch die Vernachlässigung des Fokus – die innere Mitte – verloren gegangen ist, dann sucht man diese Mitte wieder auf. Das ist wie bei einer Pflanze, die zum Leben Wasser benötigt. Bei zu großer Trockenheit geht sie ein. Disziplin sorgt dafür, dass wir unsere Neigung zur Impulsivität überwinden. Wenn man die Meditationspraxis ernst nimmt, wird man die impulsive Reaktion, aufzuspringen und den Raum zu verlassen oder sich bei jedem Anzeichen von Unbequemlichkeit anders hinzusetzen, aufgeben. Die Stille gibt uns wiederum die Kraft, dem Impuls, das zu tun, worauf wir gerade Lust haben, nicht zu folgen. Dann öffnet sich uns der Raum, um die stillen Tiefen in uns selbst zu erleben. Wir werden frei von der turbulenten Oberfläche unserer Gedanken und Emotionen.

Disziplin wird anfangs gern als einschränkend betrachtet, in Wirklichkeit ist sie erweiternd. Die Disziplin ist sogar eines der wichtigsten Mittel überhaupt, das Bewusstsein zu erweitern.

Disziplin und Sehnsucht gehören zusammen. Die Disziplin geht davon aus, dass eine tiefe Sehnsucht vorhanden ist. Die Sehnsucht ist der Motor, der die Disziplin in Gang setzt. Sehnsucht, Stille und Fokus führen zu einer Ordnung, die wiederum zu Disziplin führt, und das sorgt für ein Gleichgewicht.

Die Disziplin besteht darin, dass man sich regelmäßig für Ruhe und Stille entscheidet. Schon allein dadurch kann man sich auf eine gute Art und Weise auf seinen Fokus ausrichten. Wenn man gestresst und gehetzt ist und sich auf der Basis reiner Willenskraft dem Fokus nähert, klappt es nicht. Man kommt dann zwar zum Fokus, aber man wird spüren, dass man mit dem Kopf dort ist und nicht mit dem Herzen. Man ist dann nicht bei seinem Gefühl. Konkret heißt das, dass ich die Momente der Ruhe, der Stille und des Alleinseins plane. Ich mache dafür Platz frei in meinem Terminkalender. Wenn ich Urlaub mache, entscheide ich mich für einen Urlaub der Ruhe und schließe von vornherein aus, dass ich von einem Stressmoment zum nächsten taumle. Das Gleichgewicht, das so entsteht, sorgt selbst dafür, dass ich in keine Extremsituationen gerate.

Mir ist bewusst, dass nicht jeder Mensch automatisch zu einem inneren und damit physischen Gleichgewicht findet und dass manche Menschen sich enorm dafür anstrengen müssen. Meine Empfehlung ist, bei den primären Bedürfnissen zu beginnen: essen, trinken und schlafen. Sobald man in diesen Bereichen ein Gleichgewicht geschaffen hat, gelingt es in anderen Bereichen auch leichter, und man kann eher zur eigenen inneren Mitte finden. So wird jeder Mensch erleben, dass Disziplin in den grundlegenden Dingen den Geist auf eine positive Art beeinflusst. Es ist an sich einfach und doch in unserer Kultur so fürchterlich schwierig geworden, unter anderem schon allein aufgrund des riesigen Angebots an Waren, das uns heute umgibt.

Eine weitere, wichtige Form der Disziplin betrifft die

Ordnung unseres sexuellen Lebens. Ein zügelloses Sexualleben ist das Ergebnis einer Flucht vor dem eigenen Inneren oder Ausdruck einer Sucht. Wer den inneren Weg geht, bringt Ordnung in sein ganzes Leben, also auch in sein Sexualleben. Wir haben die Möglichkeit, uns für einen Sexualpartner zu entscheiden anstelle von vielen. Ich persönlich erlebe die kreative Energie meiner Sexualität als enorme Kraft. Durch Enthaltsamkeit konzentriert sich meine Leidenschaft auf den Fokus. Das ist ein starker Antrieb. Aber das gilt natürlich bei Weitem nicht für jeden Menschen. Es ist wichtig, für sich selbst innerlich zu klären, ob dieser Weg für einen richtig sein könnte, und sich dann entsprechend und bewusst dafür zu entscheiden.

»Wie soll es jetzt weitergehen?«, ist eine Frage, die mir die Teilnehmerinnen und Teilnehmer an meinen Kontemplationskursen regelmäßig stellen. Ich empfehle jedem Einzelnen, sich zu Hause weiter in Meditation zu üben, und wenn es nur zehn Minuten am Tag sind. Jeder soll sich erneut in Stille hinsetzen, mit dem Fokus, mit dem Atem, um dann ganz nach innen zu gehen. Diese zehn Minuten werden zum Ankermoment für den gesamten weiteren Tag.

Die Übung selbst besteht eigentlich nur aus der stillen Aufmerksamkeit für das Jetzt, für das, was in diesem Moment gerade aktuell ist, was geschieht, was man tut. Ein Blick auf den Fokus ist das Hilfsmittel. Dabei ist der Fokus kein Gegenüber, sondern ausgehend vom Fokus sind wir aufmerksam für das Jetzt.

Ich empfehle, auch tagsüber auf die Stille zu achten und sie zu genießen. Schalten Sie das Radio im Auto einmal aus und lassen Sie einen Abend lang den Fernseher ausgeschaltet. Er-innern Sie sich an starke Momente der Stille. Wenn Ihnen das gelingt, werden Sie Menschen und Dinge aus einer neutralen Position heraus wahrnehmen, ohne Vorurteile.

Wenn Sie Musik hören wollen, sollten Sie diese behutsam auswählen. Es ist bekannt, dass Musik von Bach Menschen in Harmonie, in Resonanz mit ihrem tiefsten Wesen, bringen kann. House Music oder Techno lenken uns dagegen eher zu aggressiven Emotionen hin. Das ist eine völlig andere Schwingung. Sie haben die Wahl. Sie werden merken, dass sich Ihr Leben verändert.

Seelenverwandte

In unserer heutigen Zeit wird oft betont, wie wichtig Beziehungen zu anderen Menschen sind und dass wir durch unsere Beziehungen wachsen können. Für mich ist Freundschaft eine Form der ultimativen Liebe. Man gibt sich Raum und ermutigt einander, zu wachsen und sich weiterzuentwickeln. Es gibt keine Ängste, weil keine Erwartungen, die aus der Bindung stammen, vorhanden sind. Damit gibt es keine Gründe, sich unnötig zu verstricken, jeder ist in seinem Wachstum frei und uneingeschränkt.

Wir brauchen Mitreisende auf unserem Weg. Mehr denn je sind wir für die eigene Weiterentwicklung aufeinander angewiesen. Es ist wichtig, seine Freunde sorgfältig auszuwählen. Die entscheidende Frage ist: Fördern sie mich, oder bremsen sie mich eher ab? Geben sie mir Feedback, und kann ich von ihnen lernen? Unterstützen sie mich auf meinem Weg, oder fühle ich mich nach Begegnungen mit ihnen leer und ausgelaugt? Es kommt oft vor, dass Menschen, die an Energiemangel leiden, sich die fehlende Energie bei anderen holen, um zu überleben. Deshalb kann man sich manchmal nach dem Kontakt zu bestimmten Menschen wie ausgelaugt fühlen. Der Kontakt ist dann ein Kampf um Energie. Wenn das der Fall ist, sollte man sich voneinander verabschieden. Ein echter Freund wird uns ermutigen, er tauscht sich mit uns über seine Erkenntnisse aus, bei ihm und in der Freundschaft mit ihm fühlen wir uns wohl.

≈

Sich
In Worte
Flüchten
Die Leere
Füllen.
Weg von der
Stille
Keine Verbindung.

≈

≋

Eine Begegnung
Ich verstumme
Angesichts
Der Großartigkeit meines
Gegenübers
Der dennoch ein
Mysterium für mich
Bleibt.
Wir gehen jeder
Unseres Weges
Während
Die Begegnung
Im Gedächtnis
Haften bleibt.

≋

2. Was begegnet uns in der Stille?

Spirituelle Krisen

Ängste können uns davon abhalten, nach innen zu gehen, um die Stille zu erleben. Was sind das genau für Ängste? Zu einem großen Teil ist es das ängstliche Zurückschrecken vor dem, was in uns zutage gefördert wird, wenn wir uns in die Stille begeben. Wir werden feststellen, dass wir, je mehr Stille wir in unserem Leben zulassen, desto stärker mit Dingen konfrontiert werden, die uns von der Stille abhalten wollen. Wenn man man nicht darauf vorbereitet ist, kann man Probleme bekommen, bevor man in die Stille geht. Sobald man sich in Stille in die Sitzposition begibt, gerät man in Kontakt mit der eigenen Unruhe. Auch allerlei Dinge, die man von sich weggeschoben hat, kommen dann nach oben. Man kann in sich selbst Fragmenten der Selbstablehnung, einem Mangel an Selbstvertrauen, einem Mangel an Selbstliebe und Schuldgefühlen begegnen. Sie stehen uns beim Nach-innen-Gehen im Weg, deshalb stolpern wir über sie. Das ist unangenehm und kann bewirken, dass wir lieber wieder in die Hektik zurückkehren wollen.

Aber wir sollten uns dadurch nicht abschrecken lassen, sondern weitermachen. Es geht darum, die Hindernisse aus dem Weg zu räumen, damit dieser frei wird für die vollkommene innere Stille. Die Stille hilft uns dann ihrerseits dabei, mit uns selbst ins Reine zu kommen. Am Ende wird die Mühe belohnt. Der Feind wird zum Freund.

Man muss damit rechnen, auf dem Weg nach innen einen Tiefpunkt, der einer Depression ähnelt, zu erreichen. Das alte Haus muss im wahrsten Sinn des Wortes abgerissen werden, damit ein neues Haus entstehen kann. Je größer und massiver das alte Haus ist, desto gewaltiger ist der Abbruch. Das habe ich selbst auch erlebt. Meistens geschieht das kurz vor oder unmittelbar nach einer wichtigen spirituellen Erfahrung. Das ist buchstäblich die »dunkle Nacht der Seele«, wie Johannes vom Kreuz das beschreibt, unausweichlich und unbedingt notwendig: »Ein Sonnenstrahl fällt durch das Fenster. Solange das Fenster noch Flecken hat oder schmutzig ist, kann der Strahl es nicht so gut erhellen und mit seinem Licht umwandeln, als wenn es ohne Ablagerungen und klar und durchsichtig wäre; je mehr Flecken und mehr Belag es hat, desto weniger wird es erstrahlen. Je klarer es ist, desto besser. Es liegt nicht am Lichtstrahl, sondern am Fenster.«

Die Depression kann sich während einer längeren Periode manifestieren, sie kann aber aus mehreren kleinen Krisen bestehen. Das ist individuell sehr verschieden. Solche Situationen werden von Außenstehenden nicht immer richtig beurteilt. Leider werden bei manchen spirituellen Krisen durch Unwissenheit sogar Medikamente verordnet. Deshalb ist ein spiritueller Coach, der solche Gefühle deuten und helfen kann, damit fertig zu werden, sehr wichtig.

≈

Nach dem Reisen
Und dem Trubel
Ist die Leere
Spröde und
Bitter.
Der Kaktus
In der kargen
Wüste
Blüht
In solcher Leere.

≈

Spirituelle Krisen gehören zur Reise. Wir sollten sie wie die Geburtswehen bei einer spirituellen Geburt betrachten. Nach einer solchen Krise und dem Höhepunkt, der ihr vorausgegangen ist oder noch folgen wird, tritt eine Veränderung ein. Der Kreis ist rund. Das Leben brodelt aus dem eigenen Wesensgrund hervor und ist nicht mehr aufzuhalten. Ich lebe, damit ich lebe. Ich arbeite, damit ich arbeite. Nicht mehr und nicht weniger. Der wirklich mystische Mensch vergisst, dass er Mystik ist. Er lebt im Hier und Jetzt. Er ist ein Mensch unter vielen. Man vergisst die eigene Erfahrung, mit dem Unterschied, dass man jetzt aus dieser Erfahrung heraus lebt. Statt über seine Erfahrungen zu sprechen, sind das Handeln und Sprechen von der Erfahrung durchwirkt. Das Leben wird nie wieder so sein, wie es war. Das Innere drückt sich mit dem Körper aus. Mit der inneren Veränderung verändert sich auch das eigene Erscheinungsbild. So wird der Körper ein anderer, und er wird nie wieder der sein, der er einmal war.

Lachen und Weinen

Es kann passieren, dass man in der Stille lachen muss oder in Tränen ausbricht. Einfach geschehen lassen. In der östlichen Tradition erzählt man sich die Geschichte von einem Weisen, der nach einer tiefen Einheitserfahrung zu lachen begann und nicht mehr damit aufhörte. Ein geistreicher Mensch ist spirituell. Die innere Reise bringt uns zu unserer Vitalität, und vitale Menschen lachen gern.

Probleme ergeben sich häufig als Folge der Tatsache, dass man sich selbst noch zu ernst nimmt. Sorgen versetzen uns in die Zukunft und Erinnerungen und Kummer in die Vergangenheit. Wir haben uns mit unseren Rollen identifiziert, obwohl unsere tiefste Identität auf einer viel substanzielleren Ebene liegt.

Lachen gehört zum inneren Beobachter. Wer das Leben wie ein Theaterstück betrachtet, kann nur lachen: über das Stück und über sich selbst. Die vielen Rollen, die wir im Theaterstück des Lebens spielen, sind schlicht urkomisch. Wer über sich selbst und das Leben lachen kann, gerät nicht so leicht in die Fänge einer Depression.

Wenn man Teil des Theaterstücks ist, ist es ernst. Es ist kein Abstand vorhanden. Sobald man allerdings die Dinge von einer gewissen Distanz aus betrachtet, wird es humoristisch. Man kann dann bestimmte Dinge oder Menschen neu zuordnen, also jemanden buchstäblich in eine andere Hose oder einen anderen Rock stecken, und ehe man weiß, wie einem geschieht, kann man sich vor Lachen nicht mehr halten. Das ist wunderbar befreiend. Schon allein durch das Lachen können wir die Ebenen wechseln: vom Kopf zum Herz.

Ich habe einmal ein Wochenendseminar zum Thema Spiritualität und Humor gehalten. Die Anfangssituation war alles andere als zum Lachen. Die Teilnehmer saßen mit ernsten Gesichtern vor mir. Bei einem früheren Workshop waren sogar Leute dabei, die sich nicht erinnern konnten, wann sie das letzte Mal gelacht hatten. Der erste Tag verging ohne viel Gelächter, nur ab und zu bemerkte ich ein aufgesetztes Lächeln. Glücklicherweise musste eine Teilnehmerin am ersten Abend vor Lachen glucksen, und auf einmal prusteten auch die anderen los. Wir haben mit dem Lachen nicht mehr aufgehört, und selten habe ich Leute so glücklich weggehen sehen wie nach diesem Wochenende.

Als Kursleiterin musste ich zunächst das Ergebnis vollkommen loslassen und die Frustration eines möglichen Misserfolgs zulassen, um dorthin zu kommen, wo ich hinwollte: die Leute lachen und ganz bewusst das Hier und Jetzt erleben lassen.

Wenn man sich während der Kontemplation plötzlich vor Lachen ausschütten muss, sollte man es geschehen lassen und keinesfalls dagegen ankämpfen. Wenn wir es zulassen, verschwindet dieser Impuls genauso, wie er gekommen ist, zumindest solange man nicht darüber nachdenkt, was andere davon halten werden. Beschäftigt einen das doch, dann sollte man den Gedanken wieder loslassen und zum Fokus zurückkehren.

Dasselbe gilt, wenn man weinen muss. Das Beste ist, den Tränen freien Lauf zu lassen und nicht weiter darauf einzugehen: nicht nachforschen, nicht versuchen, es zu verstehen, keine Interpretation bedenken. Heulen Sie! Lassen Sie es raus! Es ist wieder eine Schicht entfernt worden, und das ist genug.

≈

Es ist
Mucksmäuschenstill
Windstill
Totenstill
Stille vor
Dem Sturm
Oder einfach
Still.

≈

4. Was gibt uns die Stille?

Der innere Beobachter

Was sind die Früchte der Stille?
Es sind Selbstbeherrschung, wahrer Mut und
Durchhaltevermögen, Geduld, Würde und Respekt.
Die Stille ist die Stütze des Charakters.

nach Dr. Charles Eastman
(indianischer Autor und Arzt, 1858–1939)

In der Kontemplation üben wir, uns nicht länger mit unseren Emotionen und Gedanken zu identifizieren. Der Fokus hilft uns dabei, einen inneren Beobachter zu entwickeln. Ich verwende dafür auch die Begriffe neutrale Position oder Beobachterposition. Aus dieser Position heraus schauen wir uns das Theaterstück unseres eigenen Lebens an und kreieren dadurch Distanz und inneren Raum. Wenn wir das lang genug üben, wird es uns vertraut, und unsere wahre Natur kommt zum Vorschein. Wir kommen dann endlich bei uns an, wir kommen nach Hause. Wir leben nicht länger im Modus »desjenigen, der macht« (Ego), sondern auf der Basis »desjenigen, der ist«.

Persönlichkeit ist der Mantel, den wir tragen. Wenn unsere wahre Natur Stück für Stück stärker zutage tritt und durch unsere Persönlichkeit hindurchstrahlt, werden wir, wer wir sind. Wir leben buchstäblich durch die Stille, durch unsere wahre Natur. Die Persönlichkeit tritt in den Hintergrund. Dieses Training erfordert Beharrlichkeit, denn die Kultur, in der wir leben, will uns gern zurückdrängen zu »demjenigen, der macht« (dem Ego), dessen Bezugssysteme außerhalb seiner selbst liegen, der wenig innere Kraft besitzt und seine Sicherheit in seinem Bankkonto, der Arbeit, dem Auto, der Ausbildung oder den Diplomen sucht.

Emotionen sind Reaktionen auf etwas oder jemanden, sie befinden sich auf einer oberflächlichen Ebene. Wenn wir ausschließlich von unseren Emotionen geleitet werden, werden wir zum ungesteuerten Projektil. Das drückt sich dann auch verbal aus. Mit der Disidentifikation von den Emotionen (»Ich bin nicht meine Emotionen«) kommen wir ganz allmählich hin zum Fühlen.

Fühlen ist für mich gleichbedeutend mit einer Form der Wahrnehmung, die nicht durch unsere Emotionen gefärbt ist. Die Intuition erlaubt es uns, Dinge von innen heraus zu erfassen. Wenn wir fühlen, leben wir auf der Ebene unseres Herzens. Schon der Wüstenvater Abt Pambo erkannte: »Wenn du ein Herz hast, kannst du gerettet werden.«

So finden wir zu unserem inneren Gleichgewicht. Wir werden von unseren Emotionen nicht länger manipuliert. Die Angst vor anderen nimmt ab, ebenso die Neigung zu Besitz und der Drang, übermäßig viel zu tun. Wir sind, und das bedeutet, dass wir anders handeln, gezielt und somit effektiver. Das bedeutet auch, dass wir Verantwortung übernehmen. Die Distanz, die durch die neutrale Position (den inneren Beobachter) geschaffen wird, kreiert eine gesunde Anteilnahme, wir leben intensiver und begeben uns auf eine tiefere Ebene. Wir lassen uns nicht mehr von der Emotion anderer Menschen beeindrucken und können deshalb weniger voreingenommen zuhören.

≈

Jenseits der
Bilder
Der Bewegungen,
Des Kommens
Und Gehens
Gibt es den
Blick
Außerhalb von Zeit
Und Raum.

≈

≈

Wenn ich spreche,
Ist da ein »Ich«,
Wenn ich schweige,
Ist das Sein.

≈

≈

Bilder
Blitzen auf,
Gesichter,
Gesprächsfetzen,
Sie ziehen
Vorbei
Wie in
Einem Film,
Ich schaue
Und nehme
Wahr.

≈

≈

Ich will
Sitzen
Schweigen
Sein,
Sitzen
Schweigen
Sein,
Bis es kein
»Ich« mehr gibt,
Nur noch Sein.

≈

Wenn man frei wird von all den inneren Dialogen und das Theaterstück aus neutraler Position betrachtet, fühlt sich das zunächst unpersönlich an. Aber letztlich ist erst dann ausreichend Raum vorhanden, um zutiefst man selbst zu sein und die eigene Individualität von dieser Ebene aus zu installieren. Diese Stille, der unendliche, göttliche Raum in einem selbst wird breiter und tiefer. Das verschafft uns eine tiefe Freude. Da liegt unser Glück. Vielleicht ist es für diejenigen, die das nicht erlebt haben, schwer zu verstehen, aber die Erfahrung ist durch tägliche Meditation für jeden Menschen zugänglich.

Einsichten

Neue Einsichten werden oft während oder nach einer Kontemplationssitzung geboren. Bei der Begleitung von Menschen in der Kontemplation erlebe ich beispielsweise, dass manche Menschen tiefe Einsicht über sich selbst gewinnen. Besonders schön dabei ist, dass diese Einsichten nicht mit starken Emotionen einhergehen, sondern mit großer Klarheit, die keine Zweifel aufkommen lässt. So hat mir einmal jemand erzählt, er habe in der Kontemplation die Gewissheit erlangt, Linkshänder zu sein, obwohl er das sein ganzes Leben lang bezweifelt hatte. Das externe Bezugssystem hatte ihn immer wieder von seiner Rechtshändigkeit überzeugen wollen. Eine andere Person bekam Klarheit über ihre sexuelle Ausrichtung. In der Meditation sind solche Dinge glasklar, sie sind ohne moralisches Urteil, aber von einer großen Eindeutigkeit und selbstverständlichen Akzeptanz. Es ist, was es ist. In der Stille wissen wir. Das heißt, wir kommen in Kontakt mit dem Wissen des Herzens. Und das Herz weiß.

Die Diskussionen, Zweifel und Interpretationen finden in unserem Kopf statt. Die Stille ist enthüllend, alle Masken fallen. Das ist zugleich sehr konfrontierend. Die Filter zwischen dem Unterbewussten und dem Alltagsbewusstsein werden langsam durchlässig.

≈

Leben
Mit dem Tod
Vor Augen
Eine Kunst,
Die wir
Verlernt haben.

≈

Wenn wir in der Kontemplation den Zug vorbeifahren lassen, ohne mit unserem inneren Jahrmarkt aus Gedanken und Bildern mitzugehen, kommt die Frage auf, wie wir mit bestimmten tiefgreifenden Einsichten umgehen wollen. Meistens ist es so, dass wir uns hinterher an die wirklich tiefgreifenden Einsichten erinnern können wie an einen Traum. Wir können sie bewusst zwischenlagern und dann loslassen. Wichtig ist, dass man sich beim Training nicht länger damit herumquält, sondern zu dem unendlich stillen Raum in sich selbst zurückkehrt. Wir werden die Einsichten nicht vergessen. Das Unterbewusste weiß, und wir haben Zugang zu diesem Wissen, besonders nach einem Meditationstraining. Oft träumt man dann nachts noch einmal davon.

Träume
Durch Kontemplation werden unsere Träume intensiver. Die Filter zwischen dem Unterbewussten und dem Alltagsbewusstsein beginnen durch unser Stillwerden langsam durchlässig zu werden, und Information aus dem Unterbewussten wird weitergeleitet. Ich träume intensiver, wenn ich stiller bin und mehr meditiere. Bei mir kommen die Träume vor allem in der letzten Phase des Schlafs. Die Informationen aus anderen Dimensionen und Schichten bereichern und intensivieren das Leben. Es können sehr klare Botschaften ankommen, manchmal aber sind es auch nur Bruchstücke von Ereignissen, die wir miterlebt haben. Sehr selten habe ich auch einmal einen Offenbarungstraum, wie

ich Träume nenne, die eine sehr klare Botschaft haben. Es wäre interessant, ein Traumtagebuch zu führen, es kann uns aufschlussreiche Informationen über unser Leben liefern.

≈

Alles ist neu
Wie nach einer
Langen Dusche
Gedanken und Bilder
Weggespült
Schlechte Träume
Verdampft.

≈

Kreativität

Wenn ich sozusagen bei mir selbst bin, ganz allein,
in einer guten Stimmung ... dann entstehen die meisten
und die besten Ideen.

sinngemäß nach Wolfgang Amadeus Mozart (1756–1791)

Große Künstler und Wissenschaftler haben Inspiration in der Stille und der Einsamkeit gefunden. Gustav Mahler komponierte seine Stücke in einem umgebauten Teehaus, in dem er ganz allein arbeiten konnte. Mozart komponierte seine besten Stücke, wenn er in der Einsamkeit war, und auch Einstein hat in der Stille am besten arbeiten können. Es ist eine Tatsache, dass Menschen, die zur Stille finden, zu sich selbst kommen, Inspiration schöpfen und kreativ werden.

An sich ist das logisch, denn das Bewusstsein beziehungsweise der Geist ist eine unbegrenzte Kreativität. Wenn wir also durch die Stille den Kontakt herstellen, werden wir Teil dieser Kreativität. Wenn wir, aus der Stille kommend, handeln, wird uns die Verbindung von Stille und Dynamik dazu befähigen, unsere eigene Kreativität in alle Richtungen zu manifestieren. Wenn wir im Chaos der Welt die Stille mit uns nehmen, halten wir den Schlüssel zu einem sehr umfangreichen Kreativitätsreservoir in der Hand. Die Voraussetzung dafür ist, dass wir die Stille in unser Leben integriert haben. Wenn das nicht der Fall ist, kann es nicht gelingen, die große, unendliche, natürliche Symphonie zu hören (die sonst wahrscheinlich vom Lärm der Aktivitäten übertönt würde) und an ihr teilzuhaben.

Gewahr-Sein

Du musst lernen, ruhig genug zu sein, um den Klang des
Wahrhaften in dir selbst hören zu können, damit du
ihn auch in anderen wahrnehmen kannst.

nach Marian Wright Edelman
(US-Aktivistin für die Rechte der Kinder, *1939)

Wenn wir lange Zeit die neutrale Position, also die des inneren Beobachters, trainiert haben, entsteht von allein eine gewisse Wachsamkeit. Mit Wachsamkeit meine ich eine Wachheit, eine Bewusstwerdung in Bezug auf die eigene Person und unsere unmittelbare Umgebung. Je mehr wir im Einklang mit unserem Gefühl leben und je weniger wir im Kopf verhaftet sind, desto schärfer wird unsere Wahrnehmung. Wahrnehmung wird hier verstanden als Gewahrwerden ohne Bewertung, denn Bewertungen bringen uns sofort zurück in den Kopf. Das Wahrnehmen hingegen hält uns im Hier und Jetzt. Wir sehen, hören und fühlen, was ist. Diese Wachsamkeit öffnet uns die Tür zu einer anderen Form des Wissens: zur Intuition. Jetzt entdecke ich, dass ich viel mehr wahrnehme. Hinter dem, was ich wahrnehme, erkenne ich viele weitere Dinge. Das ist keine Interpretation, denn dafür ist der Kopf zuständig, und die Interpretation beinhaltet ein Urteil. Ich sehe Dinge, die ich nicht interpretiere, sondern einfach nur feststelle. Denken ohne Urteil. Das ist Intuition.

Ich gebe einmal ein Beispiel. Ich unterhalte mich mit jemandem, und dieser erzählt mir alles Mögliche. Mein Gefühl sagt mir, dass die verbale Kommunikation nicht mit der nonverbalen Kommunikation übereinstimmt. Ich nehme etwas anderes wahr als das, was ich höre. Ich ergänze es nicht, das wäre eine Interpretation, aber ich stelle fest, überprüfe vielleicht noch und belasse es dabei. Die schlichte Feststellung ohne Bewertung liefert bereits sehr viel Information. Das ist Wachsamkeit, Bewusstsein.

Unsere Gedanken schränken uns durch Bewertungen und Interpretation, die sie transportieren, ein. Sie verhindern, dass wir die Wirklichkeit so wahrnehmen, wie sie ist. Indem wir lernen, auf unsere Gedanken zu achten und diese zu hinterfragen, kreieren wir innere Freiheit.

Denken, ohne zu beurteilen, macht uns leichter und unbeschwerter. Das Leben wird dadurch schöner. Wir sind offener, ohne dabei naiv zu sein. Davor bewahrt uns die Wachsamkeit. Naiv sein bedeutet eigentlich, nicht auf sein Gefühl zu hören und damit gegen das eigene Wesen zu handeln. Es ist naiv, nicht auf die tieferen Aspekte der eigenen Person zu hören.

≋

Die Buchenhecke
Die Stühle
Einsam
Verirrt
Hier und da
Auf dem Gras
Ein Schieferdach
Verborgen
Zwischen all dem Grün.
Vogelgezwitscher
Eine sehr
Sehr
Sanfte
Brise.

≋

Die Fähigkeit zu entscheiden

Stille und Einsamkeit machen uns bewusst, dass die Situation, in der wir uns gerade befinden, die Folge einer oder mehrerer Entscheidungen ist, die wir in der Vergangenheit getroffen haben. Oder aber wir befinden uns in der derzeitigen Situation, weil wir damals keine Entscheidung(en) getroffen haben, was auch eine Entscheidung ist. Möglicherweise lagen einige Entscheidungen in den Händen anderer Leute, aber wir selbst sind es, die irgendwann einmal beschlossen haben, sie in ihre Hände zu legen.

Alles, was man in dem entsprechenden Moment nicht klärt, wird uns später einholen. Das ist ein Naturgesetz. Alles, was wir von uns gewiesen oder unter den Teppich gekehrt haben, wird eines Tages, wenn wir nicht damit rechnen und völlig unvorbereitet sind, wieder vor uns stehen. Völlig banale, kleine Entscheidungen können große Konsequenzen nach sich ziehen. So gibt es Leute, die sehr viel in ihre berufliche Karriere investiert, ihre private Situation aber eher dem Zufall überlassen haben, mit schnellen Entschlüssen und ohne groß nachzudenken. Das kann zu einer Situation führen, die sie früher oder später einholen wird, möglicherweise zu einer sehr problematischen Situation, unter der dann auch die Karriere leidet. Alles ist eins.

Deshalb ist es so wichtig, jede Entscheidung sehr bewusst zu treffen. Die Stille hilft uns dabei. Gehen Sie vor jeder wichtigen Entscheidung in die Stille. Hören Sie, was Ihre Intuition zu sagen hat, hören Sie auf Ihre Seele. Die einzige Entscheidung, die wirklich zählt, ist die jetzige Entscheidung. Dieses Wissen hilft dabei, äußerst aufmerksam im Hier und Jetzt zu sein. Keine Entscheidung ist unwichtig, jede noch so kleine Entscheidung hat Folgen. Deshalb ist es so wichtig, Jugendliche, vor allem wenn sie dazu neigen, auf allerlei Reize zu reagieren, zur Stille zu führen und sie auch in der Stille zu begleiten. Das Kloster auf Zeit wäre hierbei hilfreich.

In dem Kloster, das mir vorschwebt, wird die Betonung auf der Stille, der Meditation und dem Studium, das sich mit den Themen Aufwachsen und Entwicklung auseinandersetzt, liegen. »Mein Kloster« wird transreligiös sein und ohne allzu viel religiösen Ballast auskommen. Junge Menschen zwischen achtzehn und sechsundzwanzig Jahren können für eine Zeit von mindestens sechs Monaten bis maximal zwei Jahren bleiben. Es wird persönliche Begleitung geben und einen deutlichen Rahmen.

Flow

Das Verweilen in Stille schenkt uns die Kraft, das Leben aktiv anzunehmen und dynamisch mit den Bewegungen des Lebens mitzugehen, und zwar auf unsere ganz spezielle, persönliche Art und Weise. Das Leben ist, wie es ist, wir haben die Freiheit, zu entscheiden, ob wir uns dagegenstemmen oder dem Fluss des Lebens anvertrauen wollen.

Widerstände entstehen durch unsere Gedanken und Emotionen. Wenn sich jemand dafür entscheidet, sich dem Fluss des Lebens hinzugeben, so meine ich damit nicht, dass er allen Gegebenheiten der Außenwelt erliegt, sondern dass er dem Leben von innen heraus folgt. Er nimmt es an, so wie es sich darbietet. Eine solche innere Verfassung wird für andere wahrnehmbar und beobachtbar sein. Sie können sie am Erscheinungsbild oder anhand der Entscheidungen, die die entsprechende Person trifft, ablesen. Das heißt keineswegs, dass dieser Mensch das Materielle vernachlässigt: Er wird dafür sorgen, dass er sein eigenes Geld verdient, dass er angemessen wohnt, dass er zum Zahnarzt geht. Er bleibt geerdet. Nur, er macht das nicht mehr, es geschieht durch ihn. Wir können nur innerlich still sein, wenn wir im Reinen mit uns selbst sind. Je mehr Stille in unserem Leben ist, desto besser erkennen wir, was wir wollen. Dann brauchen wir die Ziele nicht mehr zu formulieren, es wird für uns getan.

≈

Das grüne Labyrinth
Aus Buchenhecken
Zieht mich
Von außen
Nach innen
Von innen
Nach außen
Bis alles
Eins ist.

≈

≈

Die Morgensonne
Blüten
Öffnen sich,
Tautropfen
Auf dem Gras
Verdunsten:
Das Leben
Erwacht
Aus dem
Sein.

≈

Indem wir still werden, nicht mehr kämpfen, uns der Intuition anvertrauen und eigene Interpretationen der Wirklichkeit loslassen, bekommen wir das Leben, das zu uns passt. Man bekommt, was man braucht. Außerdem ist man dann auch in der Lage, das als solches zu erkennen.

Still werden bedeutet zulassen, dass tiefere Aspekte der eigenen Person das Leben steuern und die Angst ihre Herrschaft verliert. Wenn wir das zulassen können, können wir uns hingeben. Damit geraten wir in einen Flow der Dankbarkeit, der Selbstliebe und Kreativität, und wir kommen zur Umsetzung von Zielen, die wir brauchen und die zu uns passen.

Wesentlicher Kontakt

Ist man sich selber fremd, dann ist man auch den anderen entfremdet. Ohne Zugang zum eigenen Ich kann man auch keinen Zugang zu anderen finden. … Langsam begreife ich, dass man nur durch die Verbundenheit mit dem eigenen Wesenskern dem anderen verbunden ist. Und ich bin der Meinung, dass man das eigene Ich, die innere Quelle, am besten in der Einsamkeit wiederfindet.

Anne Morrow Lindbergh
(Pionierin der US-amerikanischen Luftfahrt und Autorin, 1906–2001)

Immer wenn wir Abstand nehmen und wirklich in die Stille, in das Zeitlose, in die Unendlichkeit eintreten, besteht sofort ein unsichtbares Band zu jedem anderen, der auch in diesem Moment anwesend ist.

Stille verbindet auf einer sehr wesentlichen Ebene, die substanzieller ist, als wenn wir miteinander über Gott und die Welt reden würden. Dieser Aspekt wird häufig übersehen. Bei der Kontemplation in der Gruppe ist das stark zu spüren. Wir sprechen nicht miteinander, stellen uns nicht gegenseitig vor, und dennoch ist am Ende der Kontemplationssitzung immer ein tiefes Band entstanden.

Auch das Gegenteil kann passieren. Mit Menschen, die nicht offen für diesen Weg sind, wird sich der Kontakt verändern, er wird nachlassen. Es werden sich Menschen aus unserem Leben entfernen. Die Stille lehrt uns, ohne Bewertung die unterschiedlichen Kontaktebenen zu unterscheiden, und sie lehrt uns, dass wir dabei die Wahl haben.

Jetzt

Die Stille ermöglicht es jedem Menschen, sich vom Fluss des Lebens mittragen zu lassen und auf seine Intuition zu vertrauen. Die Zukunft ist noch fern, die Vergangenheit ist vorbei. Die einzige Wirklichkeit, die es gibt, ist das Jetzt. Nur im Jetzt können wir vollkommen anwesend sein. Wenn wir alles, was wir machen, mit Wachsamkeit tun, gibt es nur noch das Jetzt.

Nahezu alle spirituellen Traditionen betonen die Bedeutung des Jetzt, es wurde bereits viel darüber gesagt. Für mich persönlich ist das Leben im Jetzt eine Voraussetzung für (psychische) Gesundheit. Damit nehme ich Dinge an, die ich doch nicht vermeiden könnte. Es lässt mich mit Geduld Dinge und Ereignisse tragen, die mich sonst verbittert und aufsässig gemacht hätten.

Das Jetzt gibt uns zugleich ein ausgewogenes Empfinden für die Zeit. Wir sehen, dass die Vergangenheit hinter uns liegt. Sie hat uns das Gepäck hinterlassen, das wir jetzt bei uns haben. Alle Lektionen befinden sich in unserem Rucksack. Die Zukunft liegt vor uns. Wir betrachten sie von einem gegenwärtigen Standpunkt aus. Wenn wir im Jetzt aus dem Vollen schöpfen, mit dem Blick auf die Zukunft gerichtet, wissen wir, dass die heutigen Ereignisse einmal Gepäck sein werden. Das macht uns verantwortlich für unser jetziges Handeln. Damit entscheidet sich, was wir künftig in unserem Rucksack mit uns tragen und wie wir die Zukunft gestalten werden.

≈

Stille

Beendet

Das Urteilen.

Der Geist

Wird

Leer

Wie

Ein unbeschriebenes

Blatt.

≈

Das innere Kind

Jeder Mensch trägt sein inneres Kind in sich: das Kind, das er einmal – vermutlich zu Beginn der Pubertät oder schon vorher – verloren hat. Auf dem spirituellen Weg lernt man mit der Zeit, mit diesem Kind wieder in Kontakt zu kommen. Es findet sich dort, wo wir dem inneren Raum am nächsten sind, unbefangen, voller Verwunderung über das Leben.

Essen, gehen, sprechen, betrachten, atmen, auf der Toilette sitzen: alles ist an und für sich wunderlich. Unser unschuldiges Herz, unser inneres Kind, das Heilige in uns kann nie degradiert oder weggeworfen werden. Es wird nie geboren, es stirbt nie. Wenn wir diesem Herz dabei helfen, zu erwachen, finden wir unser wahres Zuhause. Entspannt genießen wir dann die einfachen Wunder des Alltags. Visualisieren Sie einmal dieses Kind, so wie Sie es aus der Erinnerung kennen. Sehen Sie es vor Ihrem inneren Auge laufen, spielen und reden. Dieses Kind verkörpert unser Herz.

Manche von uns sind nie Kind gewesen. Sie haben ihre Kinderseele schon sehr früh verloren. Dennoch ist es wichtig, zu diesem Punkt zurückzukehren. Das innere Kind hat uns etwas zu sagen, etwas, das wir lernen müssen, etwas Essenzielles. Das Kind lebt im Hier und Jetzt, und es kann fühlen. Ein Kind ist noch nicht im Kopf verankert. Die Kinderseele ist die Herzensqualität, mit der wir die Verbindung zu unserer Seele wiederherstellen.

Glück

Zünden Sie eine Kerze an und schenken Sie sich ein Glas Rotwein ein.
Bevor Sie mit dem Essen beginnen, sprechen Sie einen Toast auf sich
selbst aus. Sie sind die beste Gesellschaft, die Sie bekommen können.

nach Daniel Halpern
(US-amerikanischer Dichter, Schriftsteller und Verleger, *1945)

Viele Menschen benutzen Emotionen, um ein wirkliches
Fühlen zu vermeiden. Auf einer emotionalen Ebene gelingt
es noch, das Rollenspiel zu erfüllen und zu manipulieren.
Auf einer tieferen Ebene gelangt man zum Kern des Pro-
blems und wird nicht umhinkönnen, sich mit sich selbst
auseinanderzusetzen. Dafür muss man es wagen, unter die
Oberfläche des eigenen Lebens zu schauen. Es wird notwendig sein, vieles genau zu untersuchen, auf Abstand zu
gehen, sich selbst auf eine substanzielle Ebene zu bringen
und zur rechten Zeit auch herzhaft über sich selbst lachen
zu können.

Wenn man sich nicht (mehr) mitreißen lässt von emotionalen »Dramen«, wirkt das auf manche Menschen möglicherweise kühl oder gleichgültig. Das ist aber keineswegs
der Fall. Im Gegenteil, wenn man außerhalb der Emotion
bleibt, kann man dem Gesprächspartner und dem Moment
wesentlich näher sein, man kann wirklich zuhören und
empathisch reagieren. Wenn man das Stillwerden als ein
Nachhausekommen erlebt, ist es ein Genuss, in die Stille
zurückzukehren. In der stillen Unendlichkeit in uns, wo wir

zu Hause sind, gibt es keinen Schmerz, keinen Kummer und keine Einsamkeit. Da ist nur noch Geborgenheit, jener Ort im Herzen, an dem es sich gut leben lässt. Die Außenwelt hat hier keinen Zugang, auch nicht die eigenen Gedanken und Emotionen. Probleme haben hier keine Macht über uns. Das ist Glück.

≈

Das Herz läuft
Über vor
Freude
Vor Empfinden,
Eine tiefe Quelle
Ein starkes
Und kraftvolles
Lebenswasser
Sprudelnd
Zu noch
Mehr Leben.

≈

≈

Es gibt einen Raum
In mir,
Zu dem niemand
Gelangen kann
Unendlich, still,
Hell.
Hier lässt es sich
Gut verweilen:
Zu Hause.

≈

Weisheit

Es erscheint alles so widersprüchlich. Wir sollen uns fokussieren, und wir sollen den Fokus loslassen. Wir müssen meditieren und auf die Suche gehen, obwohl es schon da ist. Es ist zum Verzweifeln schwierig und unvorstellbar einfach. Das sind die Paradoxa. Doch das Herz weiß. Das Herz weiß, dass Leben auch Tod bedeutet, dass der Atem hinein- und hinausgeht, dass man, wenn man über Gott spricht, Gott verliert. Wir können nicht alles begreifen. Und solange wir das akzeptieren, leben wir.

≈

Stille
macht still
Trägt mich
Über mein kleines
Selbst hinaus
Stille
Ich habe dich lieb.

≈

Nachwort

Die deutsche Ausgabe meiner Bücher ist für mich ein Meilenstein. Ich empfinde große Sympathie für die deutsche Kultur. Meine Abschlussarbeit im Studium behandelte eine Interpretation der Klosterregel des heiligen Benedikt durch Hildegard von Bingen. Die katholische Kirche hat Hildegard von Bingen nie heiliggesprochen, aber Kölner Kartäuser haben sie in den liturgischen Heiligenkalender aufgenommen und so vor dem Vergessen bewahrt. Zwischen mir, der ehemaligen Kartäusernonne, Deutschland und Köln besteht somit eine untrennbare Verbindung. Mein großer Dank gilt dieser Synchronizität und allen Menschen, die bewusst oder unbewusst daran mitgewirkt haben. An erster Stelle möchte ich meine Eltern nennen, weiter den Ten Have Verlag in den Niederlanden und Steffen Haselbach vom Bastei Lübbe Verlag in Köln.

Dass sich verwirklichen möge, was verwirklicht werden muss/soll.

Miek Pot
Bree, Belgien, Juni 2011

Quellenverzeichnis

Paulo Coelho, Der Alchimist, Zit. nach der dt. Ausgabe. Zürich, 1996, S. 36.

Thomas von Aquin, Summa theologica, frei zitiert aus dem Gedächtnis (nach Studien im Kloster).

Wallace R. K., et. al. The Physiology of Meditation, Scientific American 226, no. 2,. S. 84–90 (1972)

Anne Morrow Lindbergh, Muscheln in meiner Hand, München, 1990, S. 41/42.

Marianne Williamson, Terugkeer naar Liefde: leven met de principes van *A course of miracles*. Groningen, 1993.

Die Zitate an den Kapitelanfängen stammen aus dem Buch »Woorden van stilte«, zusammengestellt von Helen Exley. Groningen: Mondria, 1999. (Ursprünglich bei Exley Publications, Watford, unter dem Titel »Words on Solitude and Silence« erschienen.) Übersetzerin und Verlag haben sich nach bestem Wissen bemüht, die Quellen zu finden und zu benennen.